via reise verlag
NACHHALTIG REISEN

Julia Wolf

PASSAU & PASSAUER LAND

MIT ROTTAL UND SCHÄRDING

Symbole

via Tipp Lieblingsorte unserer Autorin Julia Wolf

1 Sehenswürdigkeiten

1 Übernachten

1 Essen & Trinken

Hotels in der Hauptsaison (DZ)

€	bis 95 Euro
€€	bis 140 Euro
€€€	über 140 Euro

Inhalt

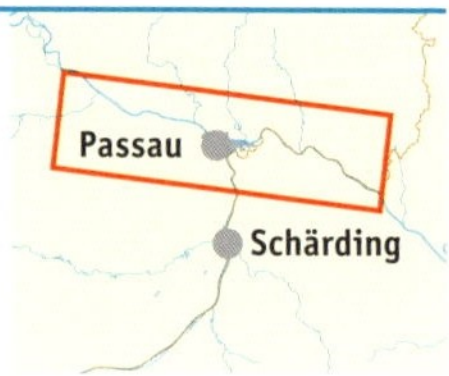

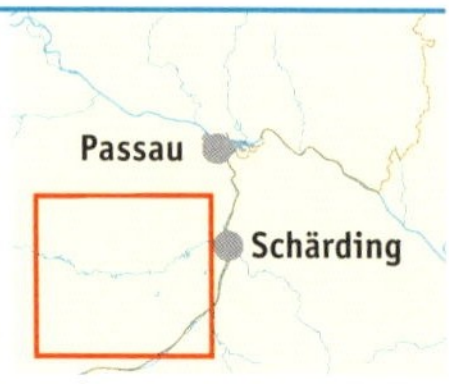

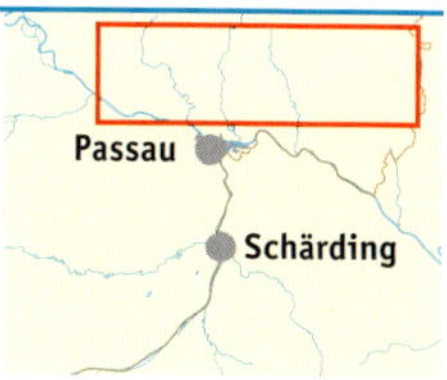
Passau
Schärding

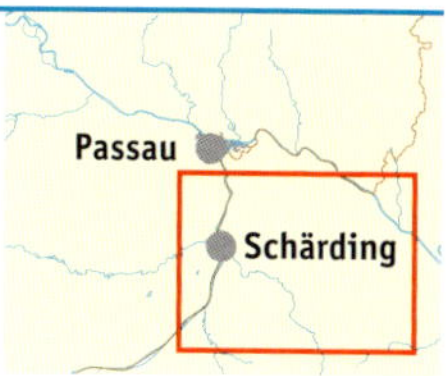
Passau
Schärding

Passau
Schärding

Das gibt es nur in Passau und Umgebung

Passau – eine Stadt am Wasser

Passau verfügt über eine einzigartige Lage an drei Flüssen, die das maritime Flair der niederbayerischen Barockstadt prägen. Wer Passau besucht, sollte unbedingt einmal an den Uferpromenaden von Donau und Inn entlangspazieren und die malerische Kulisse genießen. Daneben zahlt sich auch ein Perspektivwechsel aus: Eine Schifffahrt ist ein tolles Erlebnis, das einem die Stadt auf völlig neue Weise näherbringt.

Café-Eldorado Passau

Typisch Passau: Im Café sitzen und das Treiben beobachten. Die Stadt ist ein wahres Eldorado für passionierte Cafébesucher. Hier reiht sich eins an das nächste – und jedes hat ein einzigartiges Flair, eine tolle Aussicht oder einen besonderen Leckerbissen zu bieten. Schön ist zum Beispiel das Café *Schöffberger* in der Luragogasse nahe dem Domplatz (▶ Seite 72).

Den schönsten Blick auf die Dreiflüssestadt …

… hat man vom Aussichtspunkt auf dem Gelände der **Veste Oberhaus.** Dort oben liegt einem die malerische Altstadt mit ihrem aufragenden Dom zu Füßen. Auch das Kloster Mariahilf, die Flüsse und die sanften Hügelketten der Umgebung sind von hier gut zu sehen.

Ein kleines Paradies

Ein Ausflug ins Örtchen **Wernstein am Inn** ist der Inbegriff eines perfekten Kurzurlaubs: Über den Fluss spannt sich der futuristische Mariensteg, unweit davon leuchtet die weiße Mariensäule und an den Ufern thront jeweils eine Burg. In den Gastgärten können Besucher Most und österreichische Brotzeiten genießen.

Altes Bräuhaus in Passau

In diesem alteingesessenen Wirtshaus geht es urig, gemütlich und laut zu – ganz so, wie es sich für eine bayerische Wirtschaft gehört. Zahlreiche Stammtische und Familienfeiern finden hier statt. Auf der Speisekarte stehen leckere regionale Spezialitäten (▶ Seite 70).

Romantisches Ilztal

Nur einen Katzensprung vom Zentrum Passaus entfernt lockt das wilde Ilztal mit ganz viel Ruhe auf idyllischen Wanderwegen entlang des schwarzen Flusses. Sehenswert: die ehemalige Triftsperre unweit des Stadtteils Hals.

Stephansdom

Das in leuchtendem Weiß erstrahlende Wahrzeichen Passaus dient als guter Orientierungspunkt in der Stadt. Es lohnt sich, den Dom auch von innen zu besichtigen, denn die Besucher erwartet eine prächtige Ausstattung sowie die größte Domorgel der Welt (▶ Seite 46).

Eine Nacht im Zeichen der Kunst

Wenn die Stadt alljährlich im Juli zur **Passauer Kunstnacht** einlädt, verwandelt sich die Altstadt in eine riesige öffentliche Galerie – ein buntes Ausstellungsgelände, durch das sich tausende Kulturliebhaber drängen. Mehr als sechzig Veranstaltungsorte und mindestens genauso viele Künstler aller Sparten sind mit von der Partie. Auch kulinarische Genüsse kommen in dieser kunstvollen Nacht nicht zu kurz.

Julia Wolf hat in Passau studiert und sich jeden Tag ein bisschen mehr in die Stadt verliebt. Auch dank ihres Jobs in der Tourist-Information kennt sie sich in und um Passau bestens aus. Am liebsten geht sie am Inn spazieren und stärkt sich danach im *Café AMSL*.

Land & Leute

Urig und herzlich, traditionell und aufgeschlossen: Im Passauer Land treffen jahrhundertealte Traditionen, niederbayerischer Dialekt und deftige Schmankerl auf eine italienisch anmutende Barockarchitektur, eine vielfältige Landschaft, zahlreiche Veranstaltungen sowie ein gastfreundschaftliches und weltoffenes Flair.

▾ *Die malerische Innpromenade in Passau lädt zum Flanieren ein*

Passau & Passauer Land heute

Zwischen alter Tradition und neuen Ideen

Passau ist aufgeschlossen und gleichzeitig fest in alten Traditionen verwurzelt. Die Stadt ist hipper Studienort, boomende Tourismusdestination und wirtschaftliches Zentrum einer aufstrebenden Region zugleich.

Wer zum ersten Mal in der Passauer Altstadt ankommt, ist überwältigt von so viel farbenfroher, opulenter Pracht: Stolz ragt der weiß getünchte, barocke Stephansdom – das Wahrzeichen der Stadt – aus einem südländisch anmutenden Häusermeer empor. Auf dem Georgsberg am linken Donauufer thront die imposante mittelalterliche Burg Veste Oberhaus, rechts des Inns erhebt sich die schmucke Wallfahrtskirche Mariahilf. Über das funkelnde Wasser der Flüsse Donau, Inn und Ilz spannen sich Brücken, Schiffe schippern hindurch. In der Dreiflüssestadt muss der Besucher die schönen Ecken nicht suchen – sie drängen sich ihm regelrecht auf.

Alte Stadt mit jungem Flair

In der alten Stadt leben viele junge Einwohner: Passau ist durch seine Universität geprägt. Sie ist Lehrort für über 12 000 Studenten und sorgt für eine junge und lebhafte Atmosphäre in der Stadt. Der Uni-Campus erstreckt sich entlang des Inns und ist nur einen Katzensprung von der Innenstadt entfernt. Nach den Vorlesungen treffen sich die Studierenden gerne an den Ufern der Flüsse oder in einem der unzähligen Cafés.

Die jüngste Universität Bayerns (Gründungsjahr 1978) genießt ein hohes Ansehen und ist überregional für spezialisierte Studiengänge und Fächer wie Jura bekannt. Die meisten Studierenden in Passau kommen zwar aus Bayern, doch auch aus den anderen Bundesländern zieht es viele Abiturienten in die niederbayerische Stadt.

Die Studierenden bringen dabei neben frischem Wind auch Kaufkraft in die Stadt und beleben die Geschäfte der Innenstadt ebenso wie Kneipen und Restaurants. Obwohl Passau mit rund 50 000 Einwohnern vergleichsweise klein ist, stellt die Stadt einen wichtigen Einkaufsstandort dar. Sie ist Mittelzentrum für ein ländlich geprägtes Umfeld und hat ein Einzugsgebiet von circa 400 000 Einwohnern.

Technik & Tourismus

Für die Region ist die Universität mit über 1 100 Beschäftigten ein wichtiger Wirtschaftsfaktor. Als Arbeitgeber noch bedeutender ist allerdings der Automobilzulieferer *ZF Friedrichshafen:* Über 4 000 Menschen sind am Standort Passau mit der Entwicklung neuester Antriebs- und Industrietechnik beschäftigt. Auch *Eterna Mode,* der IT-Dienstleister *msg systems* und das Start-up *mymuesli* bieten zahlreiche Arbeitsplätze – ebenso wie der Dienstleistungssektor, zu welchem Handel, Gastronomie und Tourismus zählen.

Insbesondere als Reisedestination hat die Region in den letzten Jahren einen Boom erlebt. Die Zahl der jährlichen Übernachtungen beträgt fast fünf Millionen. Neben dem Städte- und Kreuzfahrttourismus können auch der Golf-, Gesundheits- und Naturtourismus in der Region wachsende Zahlen verzeichnen.

Im Landkreis Passau sind außerdem hochspezialisierte kleinere und mittelgroße Betriebe aus Bereichen wie Maschinenbau, Elektrotechnik und feinmechanische Industrie sowie aus der Bau- und IT-Branche beheimatet.

Die Arbeitslosenquote liegt sowohl in Passau selbst als auch im Landkreis deutlich unter drei Prozent und die Wirtschaftskraft entwickelt sich weiter positiv. Einziges Problem könnte zukünftig der zunehmende Fachkräftemangel sein, den die Betriebe der Region schon heute als größte Herausforderung wahrnehmen.

Balkanroute & Jahrhunderthochwasser – Passau packt an

2015 erregte Passau vor allem wegen der Flüchtlingskrise mediales Aufsehen. Tausende Geflüchtete kamen täglich in Passau und Umgebung an – eine große Herausforderung für die Stadt und den Landkreis. Dank der Unterstützung durch zahlreiche ehrenamtliche Helfer konnten die Flüchtlinge gut in Notunterkünfte gebracht, versorgt und schließlich bundesweit verteilt werden.

Auch im Juni 2013 war Passau deutschlandweit in den Medien. Ein extremes Hochwasser überflutete große Teile der Stadt und verursachte einen Millionenschaden. Doch die jüngste Flutkatastrophe war nicht die erste. Passau kämpft seit jeher mit dieser Naturgewalt. Donau und Inn treten regelmäßig über die Ufer. Die starken Hochwasser, wie die von 1954, 2002 oder eben von 2013, stellen große Einschnitte für die Stadt und ihre Bewohner dar.

Herausfordernd war auch die Corona-Pandemie 2020/21: Vor allem der für Passau wichtige Flusskreuzfahrt-Tourismus brach zusammen. Umso größer ist seit 2022 die Aufbruchstimmung, die man in der Stadt spürt.

Von der Innstadt bietet sich ein toller Blick auf die Altstadt und den Stephansdom

Architektur

Meterdicke Mauern und barocke Pracht

Die Stadt Passau und ihre Umgebung begeistern mit einer architektonischen Fülle, die von mittelalterlichen Burganlagen bis hin zu geradlinigen Gebäuden des 21. Jahrhunderts reicht. Besonders bezeichnend ist und bleibt jedoch die eindrucksvolle Barockarchitektur, die südländisches Flair versprüht.

Vom obersten Stockwerk des Stadtturms in der Neuen Mitte (▸ Seite 64) hat man die schönsten und markantesten Bauwerke Passaus alle auf einmal im Blick: den prunkvollen Stephansdom, nebenan die prächtige Neue Residenz der Fürstbischöfe und nahe des Donauufers das imposante Rathaus, dessen Saal im Mittelalter einer der größten Rathaussäle in ganz Deutschland war. Auch die trutzigen Festungsanlagen Ober- und Niederhaus und die hübsche Wallfahrtskirche Mariahilf sind gut zu sehen. Wie kommt es, dass eine so kleine Stadt mit einer solchen Fülle an prunkvollen Bauten aufwarten kann?

Reichtum durch Handel

Eine Antwort gibt der Blick ins Mittelalter. Damals und sogar noch bis Ende des 18. Jahrhunderts regierten die Fürstbischöfe von Passau aus das flächenmäßig größte Bistum des Heiligen Römischen Reiches Deutscher Nation, das sich zeitweise sogar über Wien bis nach Ungarn erstreckte. Zudem war die Lage der Stadt für den Handel äußerst günstig. Die Geschäftstüchtigkeit der Kaufleute und der Einfluss der Fürstbischöfe machten aus Passau eine reiche und mächtige Stadt.

Pastellfarbene Fassaden in Inn-Salzach-Bauweise auf dem Passauer Residenzplatz

Barocker Neuanfang

Über die Zeit hinweg veränderte sich das Stadtbild. Die beiden wohl tiefsten Einschnitte erlebte Passau mit den verheerenden Stadtbränden von 1662 und 1680. Sie legten die gotische Stadt in Schutt und Asche.

Schon nach dem ersten Brand beauftragte der damalige Fürstbischof Wenzeslaus von Thun Künstler und Architekten aus dem Tessin mit dem Wiederaufbau der Stadt, der nach dem zweiten großen Feuer von 1680 fortgesetzt wurde. Die italienischen Baumeister Carlo Lurago und Carlo Antonio Carlone waren tonangebend und verliehen der Stadt ihr barockes Antlitz, das bis heute das Erscheinungsbild Passaus bestimmt.

Auch wenn die gotische Grundstruktur der Stadt Passau noch erkennbar ist und sich vereinzelt Renaissancebauten finden lassen – etwa das ehemalige Jesuitenkolleg oder der Arkadenhof des heutigen Amtsgerichts –, so beherrscht doch der Barock das Erscheinungsbild der Stadt sowie der Umgebung. Zu den barocken Highlights in der Region gehören die Klosteranlagen der Brüder Asam, etwa in Aldersbach (▶ Seite 93), Osterhofen (▶ Seite 83) und Sammarei (▶ Seite 94).

Sprung in die Moderne

Doch auch moderne Architektur ist in der Region präsent. Zu den markantesten Beispielen in Passau zählt die 2008 westlich der Altstadt errichtete Neue Mitte mit dem auffälligen Stadtturm, dem Einkaufscenter *Stadtgalerie,* dem Zentralen Omnibusbahnhof und dem neu gestalteten Klostergarten. Diese bauliche Veränderung mit ihrem starken Kontrast zur barocken Altstadt wurde in Passau über Jahre heftig diskutiert.

Inn-Salzach-Bauweise

Nachdem es in der Gegend zwischen Innsbruck, Passau und Salzburg im 16. Jahrhundert zu Stadtbränden gekommen war, entwickelte sich dort die sogenannte **Inn-Salzach-Bauweise,** die heute charakteristisch für die Altstädte in der Region ist.

Um Brandkatastrophen zukünftig besser vorzubeugen, mussten die Schindeldächer der alten Häuser neuen, ziegelgedeckten Grabendächern weichen. Außerdem war es vorgeschrieben, die Fassade bis über den Dachfirst hochzuziehen, damit keine brennenden Balken mehr nach vorne fallen konnten. Die nach oben gezogene Häuserfront versteckt das eigentliche Dach und lässt das Gebäude noch größer wirken.

Diese sogenannten Scheinfassaden mehrerer Bürgerhäuser bilden noch heute geschlossene Ensembles in Marktstraßen oder auf historischen Plätzen, etwa auf dem malerischen Residenzplatz in Passau (▶ Seite 50).

Nur einen Katzensprung davon entfernt erstreckt sich entlang des grünen Innufers der moderne Campus der Universität Passau. Beim Bau der Hochschulgebäude setzte man auf schlichte Formen, klare Linien und viel Glas, was sich auch im neuesten Gebäude, dem futuristischen Zentrum für Medien und Kommunikation, widerspiegelt.

Niederbayerischer Dialekt
Bedrohte Vielfalt

Das Niederbayerische ist in der Region Passau sowohl in der Stadt als auch auf dem Land allgegenwärtig. Dennoch gilt der charakteristische Dialekt als gefährdet.

Wer im Passauer Land einen Laden oder eine Gastwirtschaft betritt, wird sofort mit einem freundlichen „Griaß Gohd" (Grüß Gott) oder „Griaß Eahna" (Grüße Sie) empfangen. Die niederbayerische Mundart ist allgegenwärtig. Sie klingt bodenständig, urtümlich und herzlich. Die Menschen aus der Region sprechen ihren Dialekt ganz selbstverständlich – und zwar unabhängig von Alter und sozialer Herkunft. Auch die aus der Umgebung stammenden Studierenden der Universität Passau drücken sich in der Regel regionaltypisch aus. Die meisten können jedoch problemlos auf Hochdeutsch umschalten.

Obwohl der niederbayerische Dialekt für Außenstehende in allen Ecken des Passauer Landes gleich klingen mag, gibt es von Ort zu Ort feine Unterschiede. So werden etwa bestimmte Wörter in den Gemeinden Breitenberg und Wegscheid so ausgesprochen wie sonst nirgends: Die dortigen Einwohner bezeichnen eine Rose zum Beispiel als „Re-usn".

Doch die scheinbare Allgegenwart der niederbayerischen Sprache trügt. Denn die UNESCO hat das Bayerische – dazu zählen die Dialekte der altbayerischen Bezirke Oberbayern, Niederbayern und Oberpfalz – bereits 2009 als gefährdete und somit schützenswerte Sprache eingestuft. Für den schleichenden Rückgang des Dialekts sind sowohl die gesteigerte Mobilität und Zuwanderung als auch der Einfluss der Massenkommunikationsmittel verantwortlich.

Viele setzen sich aber auch bewusst dafür ein, das Niederbayerische zu erhalten und weiterzugeben, etwa durch Publikationen in Regionalsprache. In der Passauer Tourist-Information lässt sich sogar eine Stadtführung in Passauer Mundart buchen (▸ Seite 67).

Kleines niederbayerisches Wörterbuch

Griaß Gohd – Grüß Gott
Griaß de/Eahna – Grüß dich/Sie
Pfia Gohd – Verabschiedung
Pfiad de/Eahna – Tschüß
Wiedaschaugn – Auf Wiedersehen
auffe – hinauf
obbe – hinab
Schweinsbrohn – Schweinebraten
Lebakaas – Leberkäse
Greichats – Geräucherter Schinken
Raadi – Rettich
Orschkitzl – Hagebutten
mitanand – zusammen
Rotzleffe – freche Kinder
Ogschdochan – Betrunkener
Dusl – Glück
Koiden Bähmischen – Kalter Wind
Zuagroaste – Zugezogene

Passauer Goldhauben
Eine lebendige Tradition

Über Jahrhunderte verlangte es der katholische Glaube, dass verheiratete Frauen ihr Haar unter einem Tuch versteckten. Ab dem 15. Jahrhundert entwickelte sich daraus eine steife Haube. Sie bestand meist aus einem weißen Leinenstoff, der mit Spitzen oder Bändern verziert war, und zeigte an, dass ihre Trägerin verheiratet war. Daher stammt auch die Redewendung „Jemanden unter die Haube bringen".

Die Machart der Haube diente auch dazu, sich von anderen Gesellschaftsschichten abzugrenzen. Als nach der Französischen Revolution (1789–1799) auch das Bürgertum seine Kleidung mit Gold und Silber veredeln durfte, zeigten sich die sozialen Unterschiede in aller Deutlichkeit: Während die betuchten Frauen ihre Häupter mit reich bestickten Hauben aus Goldspitze, Flitter, Pailletten und Glasperlen schmückten, trugen die weniger Wohlhabenden schwarze Hauben, verziert mit Goldfäden und Perlen. So wurde die Goldhaube Ende des 18. Jahrhunderts zum festen Bestandteil der Trachtenkultur. Ursprünglich aus Linz kommend, war sie als Passauer Haube bis ins Rottal, nach Deggendorf und im Bayerischen Wald verbreitet.

Ab den 1970er-Jahren taten sich Frauen aller Altersstufen in „Goldhaubengruppen" zusammen, um die alte Tradition zu wahren. Sie erstehen seitdem Antiquarien, tragen Erbstücke oder sticken ihre Hauben eigenhändig – ein teures und zeitintensives Hobby. Allein das Material kostet 750 bis 1 000 Euro, die Arbeitszeit beträgt zwischen 350 und 400 Stunden. Inzwischen gibt es in der Region rund 36 Goldhaubengruppen. Getragen wird der prächtige Kopfschmuck zu bestimmten Anlässen wie kirchlichen Feierlichkeiten, Festtags- und Erntedankumzügen.

Zu Tisch in Niederbayern
Von Schweinsbraten bis Rohrnudel

Gerichte zum Wohlfühlen machen das Herzstück der niederbayerischen Küche aus. Bei einem süffigen Bier, köstlichen Braten und verführerischen Süßspeisen kann man es sich kulinarisch richtig gut gehen lassen.

Die niederbayerische Küche ist vor allem eins: deftig. Zahlreiche Fleisch-, Braten- und Knödelgerichte sowie viele Mehlspeisen kommen in der Region typischerweise auf den Tisch. Ihren Ursprung haben die meist sehr bodenständigen Gerichte in der bäuerlichen Küche.

Auf den Speisekarten der niederbayerischen Gasthäuser nehmen Fleischgerichte in der Regel die Hauptrolle ein. Klassischerweise finden die Gäste als Vorspeise eine Leberknödelsuppe, gefolgt von Schweinsbraten, Schnitzel, Leber, Sauerbraten oder Gulasch, garniert mit Kraut, Kartoffelkloß, Semmelknödel oder Kartoffelsalat. Ein beliebtes Gericht ist auch das Saure Lüngerl. Die Lunge – wahlweise auch andere Innereien wie Herz oder Bries – wird gekocht, kleingeschnitten und in einer sauren Essigsoße serviert. Dazu gibt es Semmelknödel.

Gemüsegerichte haben in Niederbayern dagegen keine Tradition. Denn noch im 19. Jahrhundert ernährte sich der Großteil der Bayern gemüsetechnisch nur von Kohl beziehungsweise Sauerkraut und Karotten. Dafür gibt es, ähnlich wie im benachbarten Böhmen und Österreich, ein vielfältiges Angebot an süßen Mehlspeisen. Meist bestehen die Gerichte aus Zutaten, die früher selbst in ärmeren Haushalten immer vorrätig waren: Mehl, Milch und Schmalz. Be-

Klassisches bayerisches Schmankerl: der Schweinsbraten mit Klößen und Blaukraut

Einfach und lecker: der Erdäpfelkas

Zutaten für 4 Portionen:
750 g mehlige Kartoffeln
125 ml Schlagsahne
125 ml saure Sahne
1 große Zwiebel
Schnittlauch, Salz und Pfeffer

Zubereitung:
Die Kartoffeln mit Schale dämpfen. Abkühlen lassen, schälen und pressen. Anschließend die saure Sahne und die Schlagsahne zur Kartoffelmasse geben. Die Zwiebel schälen und fein gehackt in die Masse einrühren. Mit Salz, Pfeffer und gehacktem Schnittlauch abschmecken. Vor dem Servieren kaltstellen und auf Brotscheiben anrichten.

liebt sind zum Beispiel Rohrnudeln, ein quaderförmiges Hefegebäck, das frisch aus dem Ofen kommt und mit Vanillesoße oder Kompott verspeist wird. Manchmal versteckt sich im Inneren der Hefenudel eine fruchtige Füllung. Auf jeden Fall gut gefüllt ist eine weitere süße Mehlspeise: der Germknödel. Dabei handelt es sich um eine Dampfnudel aus Hefeteig, die auf dem Herd in Milch gedämpft, mit Pflaumenmus befüllt, mit heißer Butter übergossen und schließlich mit Mohn bestreut serviert wird. In der Weihnachtszeit erfreut sich das Kletzenbrot großer Beliebtheit: Es ist würzig und besteht zu einem großen Teil aus Nüssen und getrockneten Früchten wie Birnen (Kletzen).

Vegetarier finden in fast jeder Gaststätte Semmelknödel in Pilzrahmsoße und Käsespätzle auf der Speisekarte. Zunehmend öffnen sich auch die traditionelleren Wirtshäuser der vegetarischen Küche und die Auswahl an attraktiven fleischlosen Gerichten wächst. Daneben rücken auch (saisonale) Regional- und Bioprodukte sowie leichtere Kost zunehmend in den Fokus.

Doch es muss nicht immer eine warme Mahlzeit sein: Auch eine Brotzeit geht in Bayern immer. Dazu wird in Niederbayern fast jedes Mal Erdäpfelkas gereicht, ein leckerer, streichfähiger Aufstrich aus Kartoffeln (Erdäpfeln), der schön dick aufs Butterbrot kommt. Mit Käse hat die Spezialität übrigens nichts zu tun, „Kas" steht vielmehr für den Aufstrich. Wer keinen Hunger hat, kann auch einfach auf ein Bier im Gasthaus einkehren – etwas zu Essen zu bestellen, ist kein Muss.

Apropos Bier: Dieses Getränk passt wohl am besten zur bayerischen Küche. In Passau selbst gibt es drei Brauereien, im Landkreis acht weitere, etwa die Klosterbrauerei Aldersbach. Hinterher darf es auch mal ein Schnaps sein – zum Beispiel ein Blut- oder Bärwurz.

Passau im Lauf der Zeit

450–50 v. Chr.
Auf dem hochwassersicheren Altstadthügel zwischen Donau und Inn befindet sich die keltische Siedlung „Boiodurum“.

1. Jahrhundert n. Chr.
Die Römer lassen sich zwischen Donau und Inn nieder. Ein intensiver Schifffahrts- und Handelsverkehr setzt auf beiden Flüssen ein. Kastelle in der heutigen Altstadt (Batavis) und der Innstadt (Boiotro) dienen der Grenzsicherung. Der Name Passau geht auf das lateinische Batavis zurück.

476
Die Römer verlassen die Region.

6. Jahrhundert
Die Bajuwaren nehmen das Gebiet ein und gründen eine Herzogsburg.

739
Passau wird zum Bischofssitz.

999
Der Kaiser überträgt die weltliche Herrschaft über das Stadtgebiet auf die Passauer Bischöfe. Passau wird bischöfliche Stadt. In den folgenden Jahrhunderten dehnt sich das Passauer Bistum bis an die ungarische Grenze aus.

1217
Der Kaiser verleiht Bischof Ulrich II. die Reichsfürstenwürde. Von nun an sind die Passauer Bischöfe nicht mehr nur geistliche, sondern auch weltliche Machthaber über die Stadt.

1219
Fürstbischof Ulrich II. leitet den Bau der Veste Oberhaus auf dem Georgsberg oberhalb der Donau ein. Die fürstbischöfliche Burg soll Stärke demonstrieren und als Schutz vor äußeren Feinden und rebellierenden Bürgern dienen.

1225
Die Passauer Bürgerschaft bekommt erste Stadtrechte verliehen.

1298
Die Passauer Bürger kämpfen in einem Aufstand gegen den Bischof um den Status als Freie Reichsstadt.

1367
Erneuter Aufstand der Passauer Bürger gegen die bischöfliche Herrschaft. Es gelingt ihnen, das Niederhaus zu erobern. Doch in der Schlacht bei Erlau werden die Aufständischen schließlich besiegt.

1403–1414
Die Ilz- und Innstadt werden ummauert, um die Stadt zukünftig besser vor Angriffen zu schützen.

14./15. Jahrhundert

Das Weiße Gold verhilft Passau zum Reichtum: Die Stadt ist Handelsplatz für Salz und Ausgangspunkt der Handelsstraße „Goldener Steig“ nach Böhmen.

1501

Das Jahrtausendhochwasser erreicht einen Donau-Pegelstand von 13,2 Metern. Es handelt sich um die schlimmste Flutkatastrophe in der Geschichte der Stadt.

1552

Der Passauer Vertrag wird geschlossen. Er gilt als Vorläufer des Augsburger Religionsfriedens von 1555.

1594

Der Passauer Salzhandel findet aufgrund politischer Schachzüge des bayerischen Herzogs Maximilian ein jähes Ende und die Stadt verliert zunehmend an wirtschaftlicher Bedeutung.

1622

Gründung der Theologischen Hochschule, die 1978 in die Universität Passau eingegliedert wurde.

1662

Ein großer Brand legt die gesamte Altstadt in Schutt und Asche und vernichtet damit das gotische Stadtbild.

Die italienischen Baumeister Giovanni Battista Carlone und Carlo Lurago bauen die Stadt anschließend in barockem Stil wieder auf.

1680

Zweiter Stadtbrand in Passau. Der Wiederaufbau im Stil des italienischen Barocks setzt sich fort.

So sah Passau um 1600 vor dem Stadtbrand und dem barocken Wiederaufbau aus

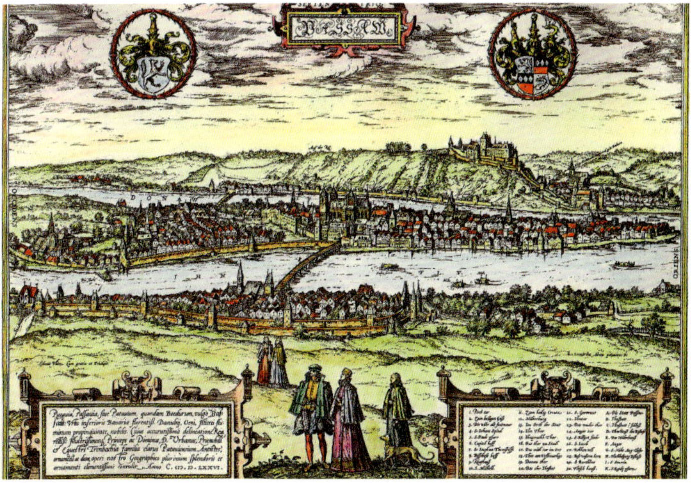

Passau im Jahr 1892

18. Jahrhundert

Im Spanischen und Österreichischen Erbfolgekrieg wird das Fürstbistum Passau zum Spielball zwischen Bayern und Österreich. Die Stadtbewohner leiden unter den wechselnden Besatzungen.

1803

Die Säkularisation läutet das Ende des Fürstbistums ein und führt zur Auflösung zahlreicher Klöster. Passau wird an Kurbayern angeschlossen und ist nun eine bayerische Stadt. Erst 1821 wird Passau wieder Bischofssitz.

1837

Das erste bayerische Dampfschiff *Ludwig I.* feiert seine Jungfernfahrt auf der Donau und leitet den Beginn eines regelmäßigen Passagierverkehrs nach Linz und Regensburg ein.

1927

Das Donaukraftwerk Kachlet – zu dieser Zeit größtes Kraftwerk Deutschlands – wird in Betrieb genommen.

1933–1938

Passau ist nationalsozialistische Frontstadt zur Republik Österreich. Von hier aus soll deren „Anschluss" vorbereitet werden.

1934–1935

Bau der Nibelungenhalle, die als nationalsozialistisches Propagandabauwerk dient und über 5000 Besucher fasst. Nach 1945 finden dort Konzerte, Ausstellungen und der „Politische Aschermittwoch" statt. 2004 wird die Nibelungenhalle abgerissen.

1942

Bei Passau befinden sich zwei KZ-Außenlager: die Rüstungsfabrik *Waldwerke* in Passau-Grubweg und *Oberilzmühle*, wo ein Unterwasserkraftwerk errichtet werden soll.

1944/45

Die Stadt Passau wird zweimal von starken Luftangriffen getroffen. Der Bahnhof und die Hafenanlagen werden dabei weitgehend zerstört.

1945

Amerikanische Truppen marschieren ein. Die Bevölkerung in Passau und Umgebung wächst durch Flüchtlinge und Vertriebene aus Schlesien,

Österreich, der Tschechoslowakei, Rumänien und Jugoslawien. Aufgrund des Wohnungsmangels werden Flüchtlingslager und behelfsmäßige Barackensiedlungen errichtet.

1952

In Passau und weiteren Veranstaltungsorten in der Dreiländerregion Ostbayern, Oberösterreich und Böhmen finden die ersten *Festspiele Europäische Wochen* statt, die den Europagedanken fördern sollen.

1954

Im Juli kommt es zum sogenannten Jahrhunderthochwasser. Der Pegelhöchststand der Donau beträgt 12,2 Meter.

1972

Passau wird kreisfreie Stadt. Hacklberg, Hals, Grubweg, Heining und Schalding werden eingemeindet.

1978

Der Lehrbetrieb an der Universität Passau, der jüngsten Landesuniversität in Bayern, wird aufgenommen.

1980

Passau erhält den Europapreis der Parlamentarischen Versammlung des Europarates. Dieser wird seit 1955 an Städte und Gemeinden verliehen, die sich besonders für die Förderung des vereinten Europas einsetzen. Passau darf nun den Titel „Europastadt" tragen.

1980er- & 1990er-Jahre

Das Römermuseum, das Glasmuseum und das Museum Moderner Kunst werden eröffnet.

2004

Die Nibelungenhalle wird abgerissen und der Bau des neuen innerstädtischen Zentrums beginnt.

2013

Passau erlebt die schwerste Hochwasserkatastrophe seit 1501. Der Pegel der Donau erreicht 12,89 Meter.

2015

Auf dem Höhepunkt der Flüchtlingskrise gelangen täglich mehrere Tausend Flüchtlinge über die Balkanroute nach Passau und Umgebung.

2018

Die Bürgerinitiative „Rettet die Innpromenade" demonstriert gegen den Bau einer Hochwasserschutzmauer an der Innpromenade.

2020/2021

Während der Corona-Pandemie kommt die Flussschiffkreuzfahrt in Passau nahezu zum Erliegen.

2021

Der Passauer Stadtrat beschließt mit knapper Mehrheit, die Planungen für die Hochwasserschutzmauer an der Innpromenade fortzusetzen. Erst nach deren Abschluss soll entschieden werden, ob die Hochwasserschutzmauer gebaut wird.

Landschaft & Natur
Flussauen, Hügel und tiefe Wälder

Die malerischen Flusslandschaften von Donau, Inn und Ilz, die rauen Höhenzüge des Bayerischen Waldes und die sanfte Hügellandschaft des Rottals bilden die reizvolle und vielseitige Landschaft des Passauer Landes. Wiesen und Wälder, Flüsse, Seen und heiße Quellen: Die Region hat eine einzigartige Natur zu bieten.

Die drei Flüsse Passaus sind die prägendsten Naturelemente der Stadt und des Umlandes. Sie dienen Besuchern als Orientierung, der Region als wichtige Pulsadern und zahlreichen Tieren als Lebensraum.

Schöne blaue Donau

Die Donau quillt in Donaueschingen im Südwesten Baden-Württembergs aus dem Boden und macht sich von dort auf eine 2860 Kilometer lange Reise, die schließlich in Rumänien im Schwarzen Meer endet. Rund 55 Flusskilometer verlaufen von West nach Ost durch das Passauer Land.

Als besonders eindrucksvolle Flusslandschaft gilt das bayerisch-oberösterreichische **Donauengtal** zwischen Hofkirchen und Aschach. Der auf diesem Gebiet liegende Abschnitt zwischen Passau und Jochenstein wurde zum *Naturschutzgebiet Donauleiten* ernannt. Es erstreckt sich ent-

Die Schlögener Schlinge: ein beeindruckendes Naturwunder im Donautal

lang der felsigen Hänge am Nordufer der Donau und bietet neben artenreichen Mischwäldern auch seltenen Tieren wie der Äskulapnatter und der Smaragdeidechse ein Zuhause (▶ Seite 106).

Auf der gegenüberliegenden Seite des Flusses breitet sich das *Natura 2000-Europaschutzgebiet Oberes Donautal und Aschachtäler* aus, welches sich durch seltene Schlucht- und Hangwälder und rare Vogelarten wie Schwarzstorch, Uhu oder Wespenbussard auszeichnet.

Außergewöhnlicher Höhepunkt ist die **Schlögener Schlinge** (▶ Seite 136). An dieser Stelle wendet sich die Donau zweimal kurz hintereinander um 180 Grad, sodass sie von oben betrachtet s-förmig verläuft.

Der Inn – türkisgrünes Wasser aus den Alpen

Der zweite Passauer Fluss kommt direkt aus dem Herzen der Schweizer Alpen: Der meist grünlich schimmernde Inn entspringt in fast 2500 Metern Höhe am Malojapass unweit des schweizerischen St. Moritz und fließt auf einer Strecke von insgesamt 510 Kilometern über Österreich bis nach Passau. Die letzten knapp 50 Kilometer bis zur Einmündung in die Donau fließt der Inn an der südöstlichen Begrenzung des Passauer Landes entlang. Er dient als Grenzfluss und zugleich als verbindendes Element zum benachbarten Österreich.

Auch am Inn liegt mit dem *Europareservat Unterer Inn,* das sich von Altötting bis nach Passau ausdehnt,

Dreiflüsseeck

Am berühmten Dreiflüsseeck an der Passauer **Ortsspitze** treffen die drei Flüsse – die Donau aus dem Westen, der Inn aus dem Süden und die Ilz aus dem Norden – aufeinander und fließen als breiter Donaustrom gen Osten weiter. Dabei ist faszinierend zu beobachten, dass das Wasser anfangs noch dreifarbig erscheint – in Blau, Grün und Schwarz – und sich erst später komplett vermischt. Auch wirkt es so, als ob der Inn das Wasser der Donau beiseiteschiebt – man spricht daher davon, dass der Inn die Donau überströmt. Dies liegt daran, dass die Donau deutlich tiefer ist als der Inn.

Die Donau und der Inn flossen übrigens schon durch die Region, bevor sich das kristalline Grundgebirge des Bayerischen Waldes im Erdzeitalter des späten Tertiärs und des Quartärs angehoben hat. Die Flüsse haben sich damals aktiv in den nach oben strebenden Gebirgskörper eingeschnitten und so ein Durchbruchstal entstehen lassen.

Der Inn, der aus südlicher Richtung eigentlich nahezu senkrecht auf die Donau zusteuert, wird durch hartes Gestein so umgeleitet, dass er bis zur Einmündung in den Donaustrom noch circa zwei Kilometer parallel dazu verläuft. So ist die außergewöhnliche Landzunge entstanden, auf der sich die Passauer Altstadt befindet.

ein einzigartiges Natur- und Vogelschutzgebiet. Dort treffen sich im Herbst Zehntausende Vögel, um gemeinsam in den warmen Süden weiterzuziehen. Die Artenvielfalt der Tier- und Pflanzenwelt ist beeindruckend und reicht von seltenen Orchideen bis hin zu einer der größten Möwenkolonien des Binnenlandes. Das Infozentrum in Ering versorgt Besucher mit Informationen und bietet Führungen an (▶ Seite 119).

Die Ilz: Bayerns schwarze Perle

Beim dritten Fluss, der Passau zur Dreiflüssestadt macht, handelt es sich um die Ilz. Ihre Quellflüsse Kleine Ohe, Große Ohe und Mitternacher Ohe entspringen dem bayerisch-böhmischen Grenzgebiet im *Nationalpark Bayerischer Wald* und vereinigen sich bei Eberhardsreuth zur Ilz. Von dort begibt sie sich auf einen knapp 40 Kilometer langen Weg bis nach Passau.

Die Ilz wird aufgrund ihrer dunklen Farbe oft als „Schwarze Perle" bezeichnet. Diese ist auf die Moore und Fichtenwälder ihres Einzugsgebietes zurückzuführen. Apropos Perle: Diese kleinen Schmuckstücke lassen sich in der Ilz tatsächlich entdecken, denn hier leben Flussperlmuscheln. Sie sind vom Aussterben bedroht und werden deshalb streng geschützt. Daneben sind im Lebensraum der Ilz noch viele weitere bedrohte Tier- und Pflanzenarten wie die Wasseramsel, die Äskulapnatter und die Sibirische Schwertlilie beheimatet. Folgerichtig wurden dort Naturschutzgebiete wie die **Halser Ilzschleifen** ausgewiesen (▶ Seite 84).

Wilder Bayerischer Wald

Doch auch fernab der Fließgewässer gibt es für Naturliebhaber einiges zu entdecken, zum Beispiel die raue Schönheit des Bayerischen Waldes. Die südlichen Ausläufer des Mittelgebirges bestimmen die Landschaft nördlich der Donau. Dort breiten sich markante Hügel aus, die mit malerischen Bergseen, leuchtenden Blumenwiesen, tiefgrünem Wald und beeindruckenden Felsformationen gespickt sind.

Mit 6000 Quadratkilometern Fläche ist der Bayerische Wald eine der größten Waldlandschaften Mitteleuropas. Er erstreckt sich zwischen Donau, tschechischer und österreichischer Landesgrenze. Seine Berggipfel erreichen über 1000 Meter Höhe, so auch die Berge Arber, Rachel und Lusen. Entlang der tschechischen Grenze liegt der **Nationalpark Bayerischer Wald** mit einer Fläche von 243 Quadratkilometern. Er wurde 1970 gegründet und stellt damit den ältesten Nationalpark Deutschlands dar. In der unberührten Natur leben seltene Tiere wie Luchs, Fischotter und Auerhuhn – und vereinzelt sogar wieder Wölfe. Die Nationalparks *Bayerischer Wald* und *Šumava* im angrenzenden Böhmerwald bilden mit insgesamt 900 Quadratkilometern das größte zusammenhängende Waldschutzgebiet Mitteleuropas.

Liebliches Rottal

Daneben wartet das Passauer Land mit fruchtbaren Weiten auf. Sie erstrecken sich als Hügellandschaft zwischen Donau und Inn, wo sich Vils, Rott und zahlreiche Nebenflüsse und Bäche durch die Ebene schlängeln. In Richtung Süden wird das Land immer flacher. Typisch für die Landschaft des Rottals sind die Wiesen links und rechts der Flüsse, Felder an den Hängen und Wald auf den Höhen. Die Tallandschaft der Rott ist geprägt von

Die Rott fließt ruhig durch sanfte Weiten

vielen Mühlen und Sägewerken. Sie erinnern an den einstigen Holzreichtum der Region, welcher dem Rottal neben Viehzucht und Ackerbau seinen Ruf als typisch bayerische Agrarlandschaft verliehen hat.

Im Zentrum der Viehzucht stand bis Mitte des 20. Jahrhunderts übrigens das **Rottaler Pferd,** ein kräftiges Warmblutpferd, das inzwischen vom Aussterben bedroht ist. Gefährdet ist auch der Große Brachvogel. Dafür hat sich der Weißstorch inzwischen wieder im Rottal angesiedelt. Daneben lassen sich dort auch Kiebitz, Reiher, Habicht und Bussard beobachten.

Außerdem birgt die Natur im Rottal einen besonderen Schatz: heiße Quellen, deren heilendes Wasser die Besucher in den Thermen Bad Griesbach, Bad Füssing und Bad Birnbach genießen können.

Nachhaltig & regional

Frisch vom Hof

In der Initiative *PassauerLandLeben* haben sich rund 30 Bauern aus dem Landkreis zusammengeschlossen, die ihre selbst erzeugten Produkte direkt auf dem eigenen Hof zum Kauf anbieten. Von Gemüse über Milchprodukte bis hin zu Fleisch bekommt man dort alles, was das Herz begehrt – persönlich, regional und nachhaltig.

Mehr Infos:
www.passauerlandleben.de

Nachhaltig unterwegs: Auf zwei Rädern

In Passau sowie im gesamten Landkreis kann man sich wunderbar mit dem Fahrrad fortbewegen. Das ist nicht nur nachhaltig, sondern auch noch gesund. Neben dem bekannten Donauradweg nach Wien gibt es zahlreiche weitere, gut ausgebaute Radwege wie den Inn-, Vilstal- oder Donau-Wald-Radweg. Das Netz ist sehr groß und lässt sich auch mit der Bahn oder dem Schiff verknüpfen. Ein paar besonders schöne Touren sind auf den Seiten 102, 121 und 151 beschrieben. Wer sich ein Fahrrad leihen möchte oder sein eigenes reparieren lassen muss, dem bieten sich hierfür in und um Passau einige Optionen (► Seite 80/81).

Erkundungstour zu Fuß

Passau lässt sich hervorragend zu Fuß erkunden. Egal ob man durch die Gassen der Altstadt streifen, die Veste Oberhaus oder das Kloster Mariahilf erobern will – wer einigermaßen fit ist, kann das locker aus eigener Kraft schaffen.

Ein besonderer Tropfen: Aroniasaft

Demeter-zertifizierte Bioqualität, die man schmeckt: Die aromatischen Aroniabeeren des *Langlebenhofs* wachsen auf Plantagen rund um Passau – und kommen dabei völlig ohne Chemie aus. Im Saft, der wertvolle Antioxidantien enthält, landen nur die besten Früchte aus eigenem Anbau. Das Ernten ist zum Teil Handarbeit – und das Unkrautjäten sogar komplett.

Alte Rieser Straße 19 | 94034 Passau | www.aronia-vom-langlebenhof.de | Mo–Fr 9.30–17 Uhr

Naturbewusst …

… übernachten:

Bio-Thermalhotel Falkenhof (Bad Füssing)
Das 4-Sterne-Biohotel mit Thermalbad und Biorestaurant bietet freundliche, moderne Zimmer in hellen Holztönen. Das Gesamtkonzept des Hauses ist bis ins Detail ökologisch gestaltet (▶ Seite 113).

Ferienhof Löw (Salzweg)
Idyllische und ruhige Lage im Grünen. Die Gastgeber sind freundlich und die Ferienwohnungen überzeugen durch eine tolle Ausstattung und absolute Sauberkeit (▶ Seite 127).

Naturhotel Gidibauer Hof (Hauzenberg)
19 moderne, komfortabel ausgestattete Zimmer befinden sich hinter den Mauern des denkmalgeschützten Vierseithofs aus Granit und des neuen Nebengebäudes (▶ Seite 131).

BioLandgut Tiefleiten (Breitenberg)
Das grüne Hotel bietet insbesondere viele Fasten- und Gesundheitsprogramme an. Es liegt mitten in der ruhigen Natur und setzt zu hundert Prozent auf Bio (▶ Seite 133).

… essen:

Gasthof Goldenes Schiff (Passau)
Ausgezeichnete bodenständige Gerichte, sehr viele in Bio-Qualität. Überwiegend bayerisch mit wechselnden Tagesgerichten, auch für Vegetarier. Unbedingt probieren: den Bio-Schweinebraten (▶ Seite 70).

Frau Dunschn (Passau)
Im ruhigen Innenhof gibt es einen kleinen Imbiss mit leckeren veganen Gerichten (▶ Seite 72).

Zum Fliegerbauer (Passau)
Der Stelzlhof bietet einen schönen Garten in idyllischer Lage und einen geschmackvoll eingerichteten Gastraum. Auf der Speisekarte stehen leckere und qualitativ hochwertige Biogerichte von veganen Kreationen bis zum Rehbraten (▶ Seite 75).

… einkaufen:

Passauer Wochenmarkt
Lebensmittel wie frisches Obst, Gemüse, Fleisch, Käse und Backwaren, außerdem Blumen (▶ Seite 78).

Tante Emmer (Passau)
Abfallberge ade: Hier gibt es unverpackte Bioprodukte aus der Region. Spitzenqualität, super netter Service und ein schönes Sortiment, das immer wieder ergänzt wird (▶ Seite 80).

Biobäckerei Wagner (Passau)
Hohe Bio-Qualität, die man auch schmecken kann. Vor allem die Brote sind einfach lecker. Die Rudertinger Bäckerei ist auch auf vielen Wochenmärkten in der Region vertreten (▶ Seite 80).

Farmstead (Passau)
Nach dem Motto „grün und lecker" gibt es hier gesundes Essen in modernem Ambiente. Die kreative Speisekarte bietet unter anderem Snacks mit Gemüse und Fladenbrot sowie Bowls, Suppen und Salate (▶ Seite 74).

Kolibri (Passau)
Fair, nachhaltig, ökologisch und schön: So lassen sich die Produkte dieses besonderen Geschäfts in der Theresienstraße beschreiben, die Naturmode, Schmuck, Bücher und Spielsachen umfassen (▶ Seite 80).

Was ist los in Passau und Umgebung?

Die Veranstaltungskalender in Passau und Umgebung sind ganzjährig gut gefüllt. Neben der hier aufgeführten Auswahl an jährlich wiederkehrenden Events gibt es zahlreiche weitere Programmpunkte – von kleinen Volksfesten bis zu hochkarätigen Konzerten.

Passau

Januar

Impuls Festival

Buntes Popkulturfestival mit zahlreichen Konzerten unterschiedlicher Genres und Workshops an mehreren Veranstaltungsorten in der Passauer Innenstadt, wo Newcomer und erfahrene Künstler aus der Region Besucher jeder Altersklasse begeistern.

März/April

Passauer Saiten

Beim Internationalen Gitarrenfestival *Passauer Saiten* kommen Künstler aus aller Welt und verzaubern die Zuhörer mit klassischer Gitarrenmusik in stimmungsvollen Variationen.

Ende April/Anfang Mai

Maidult und Festumzug am 1. Dultsonntag

Die Passauer Dreiländerhalle wird zum großen Festzelt mit Bierausschank und Musik. Auf dem Festgelände locken Fahrgeschäfte und Essensbuden. Dresscode des Volksfestes: Dirndl und Lederhosen. Am ersten Dultsonntag findet ein Trachten- und Schützenfestzug durch die Altstadt statt.

Juni

Brückenfest auf der Hängebrücke

Die Hängebrücke am Römerplatz ist gesperrt, denn sie steht dicht an dicht mit Biertischen und -bänken voll. Es wird gemütlich und bei deftigem Essen und Livemusik entsteht eine zauberhafte Stimmung direkt über der Donau.

Juni

Nacht der Musik

Während der Nacht der Musik wird die Passauer Altstadt zu einer Oase der Klänge: Klassik, Rock, Jazz, Volksmusik, Soul und Latin ertönen an den verschiedenen Veranstaltungsorten wie dem Residenzplatz und dem Rathaus-Innenhof.

Juni

Oide Dult

Gemütliches kleines Volksfest auf dem Passauer Exerzierplatz. Bei regionaler Musik und klassischen Fahrgeschäften kommt Nostalgie auf.

Juni/Juli

Festspiele Europäische Wochen

Während der Europäischen Wochen finden rund 50 überwiegend klassische Konzerte an verschiedenen einzigartigen Locations in Passau sowie im Dreiländereck Ostbayern, Oberösterreich und Böhmen statt.

Juli

Eulenspiegel Zeltfestival

An der Ortsspitze, umgeben von den Flüssen, steht ein großes Zirkuszelt, in dem jeden Abend unterhaltsame Kabarettveranstaltungen stattfinden. Draußen sind kleine Buden, Bierbänke und Strandkörbe aufgebaut, die zum sich Vergnügen und Relaxen einladen – Inselfeeling pur.

Juli
Kunstnacht
Die Künstlergalerien in Passau haben geöffnet, auf den Plätzen können Interessierte live an Kunstprojekten mitwirken. Die Altstadt ist trubelig voll, es gibt Tanz und Musik – und alles steht im Zeichen der Kunst.

Juli/August
JazzFest Passau
Die kostenlose Konzertreihe des Jazzclubs *Café Museum* lädt Jazzfans und Neugierige zu über 40 Konzerten ein, die meist unter freiem Himmel im Arkadeninnenhof des Alten Rathauses in Passau stattfinden.

Anfang September
Herbstdult
Das Pendant zur Volksfestveranstaltung im Mai. Meist geht es im Herbst etwas ruhiger und gemütlicher zu.

Oktober bis März
Passauer Konzertwinter
Im Rahmen des *Passauer Konzertwinters* finden unter dem Leitmotiv „Voc Vocal" mehrere hochklassige Konzerte statt, die von a cappella bis zu Chansons reichen.

Dezember
Christkindlmarkt auf dem Domplatz
Romantische Stimmung vor herrlicher Kulisse: Der Dom strahlt weiß über den Platz, während es aus den grünen Holzbuden nach Glühwein und Leckereien duftet.

Der Trachtenumzug zur Passauer Maidult bietet Tradition und Unterhaltung

In der Umgebung von Passau

Mai/Juni

Ortenburger Ritterspiele

Authentisches mittelalterliches Treiben am Fuße des Schlosses Ortenburg im Klosterwinkel versprechen alljährlich die vier Tage andauernden traditionellen Ritterspiele mit Turnieren, Akrobatik- und Feuershows.

Mai bis Juli

Kulturwochen Hauzenberg

Die Konzertreihe bringt regelmäßig hochkarätige Künstlerinnen und Künstler nach Hauzenberg im südlichen Bayerischen Wald und überzeugt die Besucher mit einem vielfältigen Programm, das von Rock bis zu nordischen Volksgesängen reichen kann.

Mai bis September

Klingende Juwele

Seit vielen Jahren schon findet unter dem Titel „Klingendes Denkmal" eine attraktive Konzertreihe im Passauer Land statt. Der Name ist nun neu, doch das Konzept bleibt bestehen: In besonderen Baudenkmälern verzaubern Künstler mit ihrer Musik.

Juni/Juli

Woodstock der Blasmusik

Viertägiges Freiluft-Festival ganz im Zeichen der Blasmusik im oberösterreichischen Ort im Innkreis.

Zweites Juliwochenende

Donau in Flammen

In Vilshofen an der Donau findet unter dem Titel *Donau in Flammen* jedes Jahr ein Promenadenfest mit Höhenfeuerwerk über der Donau statt. Zu diesem Anlass gibt es Sonderschifffahrten ab Vilshofen und Passau, die sehr beliebt und schnell ausverkauft sind.

Im Advent lockt Vilshofen an der Donau mit dem Schwimmenden Christkindlmarkt

Juli
Schärdinger Schlemmerfest
Im Juli verwandeln sich Stadtplatz, Altstadt und Schlosspark in Schärding in ein wahres Paradies für Feinschmecker. Dank unzähliger Essensstände können sie sich durch die Küchen der Welt schlemmen und dabei Urlaubsfeeling pur genießen.

Juli
Thermen OpenAir Bad Füssing
Der Kurplatz der Thermenstadt Bad Füssing verwandelt sich in eine große Open-Air-Veranstaltung für Schlager und Volksmusik – und das Publikum klatscht begeistert mit.

August/September
Karpfhamer Fest & Rottalschau
Eines der größten Volksfeste Bayerns mit langer Tradition. Auf dem Programm stehen etwa ein Reitturnier sowie der Rottaler Zehnerzug – dabei ziehen zehn Rottaler Pferde eine historische Postkutsche. Bei der benachbarten Rottalschau handelt es sich um eine Landwirtschaftsausstellung.

September/Oktober
Bad Füssinger Kulturfestival
Ein buntes Programm aus Theater, Kabarett und Konzerten, bei denen viele namhafte Künstler mitwirken.

November bis Januar
Lichtspiele Schärding-Neuhaus
Wenn es im Winter wieder früh dunkel wird, erleuchten kunstvolle Lichtinstallationen die Fassaden von Schärding und dem benachbarten Neuhaus – und zaubern so eine besondere Weihnachtsstimmung.

Buntes Treiben beim Karpfhamer Fest

Adventswochenenden (Do–So)
GranitWeihnacht Hauzenberg
Herzstück des romantischen Weihnachtsmarktes in Hauzenberg ist der Steinbruchsee, in dem sich bei Dunkelheit die Lichter spiegeln. Drumherum sind Stände mit Kunsthandwerk und Leckereien aus der Region aufgebaut.

1.–3. Adventswochenende
Schwimmender Christkindlmarkt Vilshofen
An den ersten drei Adventswochenenden lockt in Vilshofen an der Donau der Schwimmende Christkindlmarkt: Neben Ständen direkt am Donauufer ist auch ein Personenschiff Teil des ungewöhnlichen Weihnachtsmarktes.

Orte & Landschaften

Vielfalt pur: In der malerischen Passauer Altstadt locken prächtige Bauten und verwinkelte Gassen. Im Norden erstreckt sich der raue Bayerische Wald, im Süden das sanfthügelige Rottal. Entlang der schönen Donau gibt es Natur- und Kulturhighlights zu entdecken. Höhepunkt in Oberösterreich ist Schärding am Inn.

▾ *Die bezaubernde Altstadt Passaus liegt direkt an der Donau*

Passau

Die Barockstadt an den drei Flüssen versprüht eine große Portion Lebensfreude. In Passau lässt man sich gerne treiben – und stößt dabei an jeder Ecke auf Geschichte und Kultur.

Stadt der drei Flüsse

Wer Passau verlässt, hat Sehnsucht nach der Stadt. Wer in Passau wohnt, fühlt sich manchmal eingeengt und weitab vom Schuss. Passau ist eine Stadt der Gegensätze – und wahrscheinlich macht sie genau das so einzigartig.

Was Touristen in die niederbayerische Kleinstadt lockt, liegt auf der Hand: die drei Flüsse Donau, Inn und Ilz, die sich an der Ortsspitze zu einem großen Strom vereinen, Flusskreuzfahrten und der prächtige Stephansdom mit der größten Domorgel der Welt. Dass Passau noch einige Sehenswürdigkeiten mehr zu bieten hat, fällt vielen Besuchern erst auf, wenn sie vor dem imposanten Rathaus stehen oder zur mittelalterlichen Burganlage Veste Oberhaus hinaufblicken.

Passau lässt sich super zu Fuß erkunden. Der sehenswerte Teil der Stadt erstreckt sich in etwa von der Ortsspitze bis zum Zentralen Omnibusbahnhof. Auf der schmalen Landzunge zwischen Donau und Inn findet sich kompakt zusammengefasst alles, was das Herz begehrt: Restaurants, Cafés, Theater, Clubs, Kinos, Geschäfte (darunter leider immer mehr Handelsketten), Museen, die Universität, zentrale Plätze, Kirchen, Galerien, Ärzte, Banken und Friseure. Obwohl die Stadt gerade einmal 50000 Einwohner zählt, hat man in der Altstadt vor allem im Sommer das Gefühl, sich in einer quirligen Metropole aufzuhalten, in der überwiegend schick und trendbewusst gekleidete Leute unterwegs sind. Man kennt sich in Passau und begegnet immer wieder vertrauten Gesichtern.

Das Beste in Passau

- ★ **Stephansdom:** Strahlendes Wahrzeichen Passaus mit größter Domorgel der Welt (▸ Seite 46)
- ★ **Altes Rathaus:** Imposantes Gebäude mit prächtigen Barocksälen (▸ Seite 51)
- ★ **Veste Oberhaus:** Trutzige Burg über der Altstadt mit Mittelalterfeeling und herrlichem Ausblick (▸ Seite 53)
- ★ **Wallfahrtskirche Mariahilf:** Kloster in barocker Pracht hoch über dem Inn (▸ Seite 61)
- ★ **Dreiflüsseeck Ortsspitze:** Wo Donau, Inn und Ilz sich dreifarbig vereinen (▸ Seite 60)

Trubel im Sommer, Ruhe im Winter

Der Eindruck, den der Besucher von Passau gewinnt, hängt sehr von der Jahreszeit ab: Im Sommer pulsiert das pralle Leben in den Gassen, entlang der Flussufer und auf den zentralen Plätzen. Mit ihrem südländischen Flair, hervorgebracht durch

◂ *Der Passauer Stephansdom thront mitten zwischen Donau und Inn*

Passau

Gründung: Keltensiedlung in der La-Tène-Zeit, später römische Garnison. Seit 739 Bischofssitz.
Verwaltung: Kreisfreie Stadt im Regierungsbezirk Niederbayern
Einwohner: 51 000
PLZ: 94032, 94034, 94036
Telefon-Vorwahl: 08 51
Fläche: 70 km^2
Geographische Lage: Die Stadt am Zusammenfluss von Donau, Inn und Ilz liegt ganz im Südosten Bayerns, direkt an der Grenze zu Österreich und am Südrand des Bayerischen Waldes.
Wirtschaft: Wichtige Arbeitgeber sind der Antriebs- und Industrietechnikhersteller ZF (ca. 4 000 Angestellte), die Universität Passau (über 1 000 Beschäftigte) sowie Tourismus, Gastronomie und Handel.
Hochschule: An der 1978 gegründeten Universität Passau sind 12 000 Studenten an vier Fakultäten eingeschrieben.

die italienisch anmutende barocke Architektur, und ihrer beinahe maritimen Lage an den drei Flüssen fühlt sich die Stadt an wie eine mediterrane Insel. Vor den bunten Altstadthäusern werden Tische und Stühle aufgestellt, die Leute essen draußen, sitzen bis spät abends beisammen und spazieren in lauen Sommernächten entlang der Flusspromenaden. Zu dieser Zeit sind meist alle Schiffsanlegestellen voll besetzt und unzählige Touristen streifen durch die Innenstadt. Passau wird als Reiseziel immer beliebter, die Zahl der Besucher steigt kontinuierlich. Das kurbelt die Wirtschaft an – bringt aber für Einheimische auch Schwierigkeiten mit sich, wenn beispielsweise Reisegruppen die engen Altstadtgassen regelrecht verstopfen.

Im Herbst und Winter dagegen verwandelt sich die Stadt in eine romantische Märchenlandschaft. Vor allem im Herbst hängt morgens dichter Nebel über den Flüssen und der Stadt. Die Besucher werden weniger, das Leben verlagert sich in die warmen Wohnungen und Cafés. In der Weihnachtszeit ist die gesamte Passauer Innenstadt in festliche Beleuchtung getaucht, und sobald Schnee fällt, wird aus der Stadt ein stilles Winterparadies.

Bunte Studentenstadt

Auch die Vorlesungszeiten sind in Passau spürbar. Sobald im April und Oktober das neue Semester beginnt, füllt sich die Stadt und junge Menschen Anfang 20 prägen die Straßen im Zentrum. Kurz nach den Prüfungen im Februar beziehungsweise Juli wird die Stadt dagegen leerer, denn die Studenten verbringen die Semesterferien oft zuhause bei ihren Eltern oder in weiter Ferne.

Die rund 12 000 Studenten, die an der Universität Passau eingeschrieben sind, machen einen großen Teil der etwa 51 000 Einwohner Passaus aus und prägen maßgeblich das Stadtbild. Die inzwischen rund vierzigjährige Anwesenheit der Studenten hat auch dazu beigetragen, dass sich immer mehr moderne und teils alternative Läden und Cafés angesiedelt haben, die man in einer traditionellen bayerischen Kleinstadt nicht unbedingt vermuten würde. Das Nebeneinander aus bayerischer

Kultur inklusive dem stets präsenten niederbayerischen Dialekt und studentischem Szeneleben macht den besonderen Reiz der Stadt aus.

Das Verhältnis zwischen den alteingesessenen Passauern und den zugezogenen Studenten war dabei nicht immer positiv. Oft galten Letztere als Ruhestörer und Besserwisser. Das änderte sich mit dem verheerenden Hochwasser im Juni 2013. Damals organisierten sich die Studenten im Rahmen der Fluthilfe-Initiative *Passau räumt auf* über Facebook, packten tatkräftig mit an und halfen, Passau so schnell wie möglich wieder von den Schlammmassen zu befreien.

Lebendige Vielfalt zwischen Donau, Inn & Ilz

Langweilig wird es in Passau so schnell übrigens nicht, auch wenn die Stadt vergleichsweise klein ist. Denn es gibt eine große Fülle an kulturellen Veranstaltungen (▶ Seite 26) – von der traditionellen Dult über das JazzFest bis zur Kunstnacht – und unzählige Restaurants und Cafés, die mit ihrer Vielfalt an kulinarischen Angeboten, traditionellem Ambiente oder auch hippem Flair viele Gäste anlocken.

Neben Spaziergängen durch die malerischen Straßenzüge lohnt sich auch ein Besuch der Passauer Museen. Vor allem das Römer- und das Oberhausmuseum sind sehr modern und interessant aufbereitet. Schade ist nur, dass die Öffnungszeiten zum Teil sehr eingeschränkt sind. Vor allem in der Winterzeit sollten Besucher daher genau darauf achten, ob das Museum ihrer Wahl auch tatsächlich seine Tore geöffnet hat.

Und wer eine Pause vom Stadtleben braucht, der macht einen Ausflug in die grüne Natur, die sich zu beiden Seiten der Altstadt entlang der Hänge und Hügel oberhalb der Flüsse erstreckt und sich malerisch im Umkreis fortsetzt.

Dolce Vita: Auf dem Residenzplatz kann man das Leben in vollen Zügen genießen

Kelten, Römer & Germanen

Die erste Besiedlung auf heutigem Passauer Gebiet kann für die La-Tène-Zeit zwischen 450 und 50 vor Christus archäologisch nachgewiesen werden. In dieser Zeit befand sich die keltische Siedlung Boiodurum auf dem hochwassersicheren Altstadthügel zwischen Donau und Inn. Aus unbekannten Gründen verließen sie die Kelten um 50 vor Christus. Die Siedlung verödete. Rund hundert Jahre später, um 50 nach Christus, ließen sich die Römer zwischen Donau und Inn nieder. Ein intensiver Schifffahrts- und Handelsverkehr setzte auf beiden Flüssen ein. Kastelle in der heutigen Altstadt (Batavis) und der Innstadt (Boiotro) dienten der Grenzsicherung. Der Name Passau rührt übrigens noch aus dieser Zeit: Er geht auf das lateinische Batavis zurück. Nachdem beide Kastelle um 476 von Alemannen und Thüringern zerstört wurden, verließen die Römer die Region. Die Überreste des römischen Kastells Boiotro sind noch heute im Römermuseum in der Innstadt (▶ Seite 65) zu besichtigen.

Die Stadt der Bischöfe

Für die Zeit danach fehlt es an schriftlichen Überlieferungen. Man geht aber davon aus, dass die Bajuwaren

Der Schaiblingsturm am Inn gehörte einst zur mittelalterlichen Stadtbefestigung

das Gebiet im 6. Jahrhundert einnahmen und eine Herzogsburg gründeten. Erst ab dem Jahr 736 liegen wieder Urkunden vor. Und dann gleich eine sehr bedeutende: Die Gründungsurkunde von 739 des Bistums Passau, das mehr als 1 000 Jahre währen sollte. Der Machtbereich des ersten Bischofs Vivilo dehnte sich westlich der Domkirche und bis in die Vorstadt mit dem späteren Stift St. Nikola aus. Im Jahr 999 übertrug Kaiser Otto III. dem Bischof Christian wichtige Privilegien der Stadtherrschaft, wie die hohe und niedere Gerichtsbarkeit sowie Zoll-, Münz- und Marktrechte. Besonders einschneidend für die Geschichte Passaus war das Jahr 1217: Damals verlieh Kaiser Friedrich II. dem Bischof Ulrich II. die Reichsfürstenwürde. Von nun an waren alle folgenden Passauer Bischöfe nicht mehr nur geistliche, sondern auch weltliche Machthaber über die Stadt. Der nun zum Fürstbischof erhobene Ulrich II. leitete sogleich den Bau der Veste Oberhaus auf dem Georgsberg oberhalb der Donau ein. Die fürstbischöfliche Burg sollte Stärke demonstrieren und als Schutz vor äußeren Feinden und rebellierenden Bürgern dienen. Im Laufe der Zeit dehnte sich das Bistum Passau immer weiter aus. Zur Zeit ihrer größten Ausdehnung umfasste die Diözese 42 000 Quadratkilometer Fläche und breitete sich entlang der Donau aus – vom Mündungsgebiet der Isar über Wien bis nach Ungarn, von der böhmisch-mährischen Grenze im Norden bis ins Voralpengebiet im Süden.

Feuer, Wasser, Salz

Im 14. und 15. Jahrhundert verhalf das „weiße Gold" Passau zu Reichtum: Die Stadt war ein bedeutender Handelsplatz für Salz und Ausgangspunkt der Handelsstraße „Goldener Steig" nach Böhmen. 1594 fand der Passauer Salzhandel jedoch aufgrund politischer Schachzüge des bayerischen Herzogs Maximilian ein jähes Ende und die Stadt verlor zunehmend an wirtschaftlicher Bedeutung.

Wandmalerei an der Rathausfassade

Feuer und Wasser prägten die Stadt seit jeher. Bei dem Jahrtausendhochwasser von 1501 erreichte die Donau einen Pegelstand von 13,2 Metern. Es handelte sich um die schlimmste Flutkatastrophe in der Geschichte der Stadt. Auch Feuer trug mehrmals zur Zerstörung der Stadt bei. Der große Brand von 1662 legte die gesamte Altstadt in Schutt und Asche und vernichtete damit das gotische Stadtbild. Die italienischen Baumeister Giovanni Battista Carlone und Carlo Lurago bauten die Stadt inklusive Dom anschließend

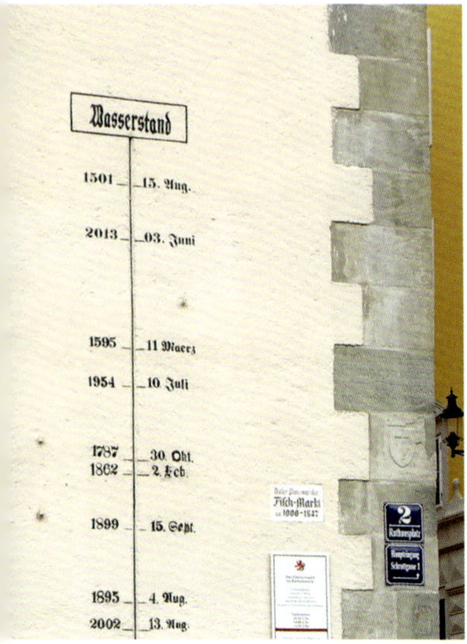

Hochwassermarken am Rathausturm

nach ihren Vorstellungen wieder auf und verliehen ihr einen barocken Anstrich und ein südländisches Flair, die bis heute das Bild Passaus bestimmen. Eine zweite Brandkatastrophe folgte 1680 und zerstörte das mühselig Errichtete erneut. Der Wiederaufbau im Stil des italienischen Barocks setzte sich fort.

Aufstände & Säkularisierung

Ganz abgesehen von wiederkehrenden Katastrophen durch Feuer und Wasser hatten es die Passauer Bürger während der Herrschaft der Fürstbischöfe nicht leicht und rebellierten immer wieder gegen die bischöfliche Macht, um Freiheit und Unabhängigkeit zu erlangen. Doch obwohl die Bürger oft unzufrieden waren, so war die sechs Jahrhunderte währende Herrschaft des selbstständigen bischöflichen Fürstentums von außen betrachtet sehr erfolgreich: Während dieser Zeit war Passau ein wichtiges Herrschaftszentrum. Die Stadt stellte den Mittelpunkt von Verwaltung und Wirtschaft des flächenmäßig größten Bistums des Römisch-Deutschen Reiches dar und konnte ihre Macht und ihren Wohlstand mit einer prächtigen Residenz unterstreichen. Im 18. Jahrhundert wurde das Fürstbistum Passau im Spanischen und Österreichischen Erbfolgekrieg zum Spielball zwischen Bayern und Österreich. Unter den wechselnden Besatzungen hatten vor allem die Stadtbewohner zu leiden. Dann aber kam die Säkularisation und mit ihr große Veränderungen: 1803 läutete sie das Ende des Fürstbistums ein und führte zur Auflösung zahlreicher Klöster. Passau wurde an Kurbayern angeschlossen und war von nun an – zum ersten Mal in seiner Geschichte – eine bayerische Stadt.

Hafen für Güter & hohe Gäste

Mit der neuen Zugehörigkeit der Stadt Passau zum Königreich Bayern ging auch ein wirtschaftlicher und politischer Abstieg der vormals so mächtigen Stadt einher. Passau nahm im Verhältnis zu den großen bayerischen Städten München und Nürnberg keine bedeutende Rolle mehr ein. Vielmehr wurde sie zu einer kleinen Stadt unter vielen – und von der neuen Führung abgestempelt als zu weit ab vom Schuss. Unter diesen Voraussetzungen entwickelte sich auch die im 19. Jahrhundert überall sonst allgegenwärtige Industrialisierung in Passau nur sehr schleppend. Glücklicherweise konnte die Stadt aber nach wie vor von ihrer Lage an zwei wichtigen Flüssen profitieren. Donau und Inn mauserten sich zu viel befahrenen Wasserstraßen. 1837 machte der erste Dampfer aus Österreich in Passau halt. Kurz darauf wurde mit dem ersten bayerischen Dampfschiff namens Ludwig I. eine regelmäßige Schiffsverbindung für den Personenverkehr von Passau nach Linz und Regensburg eingerichtet.

Während Deutschland im 19. Jahrhundert von turbulenten politischen Zeiten mit zahlreichen Aufständen geprägt war, ging es in der Dreiflüssestadt gemächlich zu. Die Passauer Bürger erwiesen sich als königstreu und zurückhaltend – sogar im Revolutionsjahr 1848 war die Stadt Passau für das Königsehepaar Maximilian II. und Marie Friederike ein sicherer Hafen.

Der Besuch der beiden war nicht der einzig adlige in dieser Zeit. Denn im Jahr 1854 machte sich die bayerische Prinzessin Elisabeth vom Passauer Donauufer aus auf den Weg nach Wien. Später wurde sie als Sissi bekannt. 1862 kehrte sie als Kaiserin von Österreich und Königin von Ungarn zurück in die Dreiflüssestadt und verbrachte eine Nacht im *Hotel Wilder Mann,* welches nach wie vor neben dem Rathaus zu finden ist.

Aus heutiger Sicht hatte Passau jedoch nicht nur populären Besuch zu verbuchen: Von 1892 bis 1894 lebte Adolf Hitler als Kind mit seinen Eltern in der Innstadt, nachdem sein Vater als Beamter nach Passau versetzt worden war. Um den Aufenthalt Hitlers in Passau rankt sich bis heute eine denkwürdige Geschichte: Der spätere Priester Johann Nepomuk Kühberger soll den vierjährigen Hitler aus dem zugefrorenen Inn gezogen und ihm so das Leben gerettet haben, nachdem dieser dort eingebrochen war. Wie viel davon wirklich stimmt, konnte bis heute nicht endgültig geklärt werden.

Unterhalb der Veste Oberhaus schippern Ausflugsschiffe die Donau entlang

Das bunte Einkaufszentrum Stadtgalerie ist das Herzstück der Neuen Mitte

Zwischen den Weltkriegen

Sicher belegt ist dagegen, dass der spätere französische Präsident Charles de Gaulle während des Ersten Weltkriegs auf der Veste Oberhaus, damals noch ein Gefängnis, in Haft saß. Nach dem Ersten Weltkrieg, in der Zeit der Weimarer Republik, etablierte sich die Bayerische Volkspartei (BVP) als führende politische Kraft in Passau. Sie war konservativ, katholisch, befürwortete den Föderalismus und passte damit gut zur patriotisch und klerikal gesinnten Einwohnerschaft. Schon 1920 fanden in Passau die ersten Auftritte der rechtsradikalen NSDAP statt, zu denen auch Hitler selbst anwesend war. Dennoch zeigten sich die Passauer lange Zeit nicht anfällig für die dumpfen Parolen der Nationalsozialisten und blieben der BVP treu. Erst 1932 erhielt die NSDAP in den Landtagswahlen ein Drittel der Stimmen.

Von 1933 bis 1938 diente Passau als nationalsozialistische Frontstadt zur Republik Österreich. Von hier aus sollte deren „Anschluss" vorbereitet werden. Die in dieser Zeit erbaute Nibelungenhalle konnte über 5 000 Menschen fassen und sollte als nationalsozialistisches Propagandabauwerk dienen. Noch lange nach dem Zweiten Weltkrieg fanden dort Konzerte, Ausstellungen und der „Politische Aschermittwoch" statt. Der Abriss der umstrittenen Halle erfolgte erst im Jahr 2004.

In den letzten beiden Kriegsjahren wurde die Stadt Passau zweimal von starken Luftangriffen getroffen. Dabei wurden der Bahnhof und die Hafenanlagen weitgehend zerstört. Als der Krieg vorbei war, marschierten amerikanische Truppen ein. Zudem wuchs die Bevölkerung in Passau und Umgebung durch Flüchtlinge und Vertriebene aus Schlesien,

Österreich, der Tschechoslowakei, Rumänien und Jugoslawien.

Europa- & Universitätsstadt

Um den Europagedanken nach dem Schrecken des Krieges zu fördern, wurden sieben Jahre später die ersten Festspiele „Europäische Wochen" ins Leben gerufen. Die Veranstaltungsorte teilen sich noch heute auf die Dreiländerregion Ostbayern, Oberösterreich und Böhmen auf. Für seinen besonderen Einsatz zur Förderung des vereinten Europas erhielt Passau 1980 den Europapreis der Parlamentarischen Versammlung des Europarates. Seitdem darf Passau den Titel „Europastadt" tragen.

Überhaupt kam in den 1970er- und 1980er-Jahren in Passau viel in Bewegung: 1978 wurde der Lehrbetrieb an der Universität Passau aufgenommen. Auch das Kabarett *Scharfrichterhaus* wurde gegründet und nach und nach eröffneten das Römermuseum, das Glasmuseum und das Museum Moderner Kunst.

Passau heute

2004 begann der Bau des neuen innerstädtischen Zentrums „Neue Mitte", der vier Jahre später fertiggestellt wurde. Der moderne Komplex umfasst neben dem Zentralen Omnibusbahnhof auch einen circa 40 Meter hohen Stadtturm sowie das große Einkaufszentrum *Stadtgalerie*. Dort halten sich auch gerne Tages- und Übernachtungsgäste auf, deren Zahlen über die Jahrzehnte kontinuierlich angestiegen sind und sich aktuell bei knapp 550 000 Übernachtungen und 1,5 Millionen Tagesgästen im Jahr einpendeln.

Als Stadt an drei Flüssen sorgte auch in jüngster Zeit der Pegelstand von Donau, Inn und Ilz erneut für einen Eintrag in die Geschichtsbücher: 2013 erlebte Passau die schwerste Hochwasserkatastrophe seit 1501. Der Pegel der Donau erreichte 12,89 Meter und überschwemmte große Teile der Stadt. Was blieb, war ein Schaden von rund 230 Millionen Euro. Im Anschluss mussten die betroffenen Gebäude in der Alt-, Inn- und Ilzstadt umfassend renoviert werden. Die Flutkatastrophe war mit viel Kummer und finanzieller Not verbunden. Doch die Stadt trotzte Wasser und Schlamm und sorgte dafür, dass sie in neuem Glanz erstrahlte.

Zwei Jahre später hatte sich Passau erneut einer großen Herausforderung zu stellen. Denn mit der Flüchtlingskrise gelangten zu Hochzeiten täglich mehrere Tausend Flüchtlinge über die Balkanroute nach Passau und Umgebung. Aufgrund der guten Zusammenarbeit von Stadt, Polizei, Hilfsorganisationen und freiwilligen Helfern konnten die ankommenden Flüchtlinge gut erstversorgt werden, bevor sie auf andere Städte verteilt wurden.

Buchtipp: Passau 1930 bis 1970

von Gisa Schäffer-Huber (Sutton Verlag)

Über 200 Fotos und Ansichtskarten dokumentieren das Leben der Passauer in der Zeit zwischen 1930 und 1970. Auch interessant: Der erste Bildband der Autorin mit dem Titel „Passau 1850 bis 1930".

Schifffahrt in Passau
Fluss ahoi

Der Tourismus in Passau ist maßgeblich von der Schifffahrt geprägt. Zahlreiche Flusskreuzfahrtschiffe legen hier täglich ab. Daneben begeben sich etliche Gäste auf kurzweilige Ausflugsfahrten auf Donau und Inn.

Die Schifffahrt auf der Donau spielt seit jeher eine wichtige Rolle: Schon die Römer nutzten den Fluss, um ihre Waren und Truppen zu transportieren. Später entstanden viele Städte entlang der Donau, die noch heute darauf hindeuten, dass sie vor allem im Mittelalter einen wichtigen Handelsraum darstellte. Seit der Vollendung des Main-Donau-Kanals gehört die Donau zur Europäischen Schifffahrtslinie, die die Nordsee bei Rotterdam mit dem Schwarzen Meer verbindet.

Auch wenn hin und wieder ein Frachtschiff passiert und einen der beiden Umschlagplätze im Passauer Hafen in Anspruch nimmt, so wird der Schiffsverkehr doch eindeutig vom Tourismus dominiert: 17 Anlegestellen mit insgesamt 29 Liegeplätzen für die Personenschifffahrt gibt es in Passau. Die meisten davon reihen sich entlang der Altstadt auf – vier Liegestellen wurden allerdings ausgelagert. Sie befinden sich vom Rathaus circa drei Kilometer entfernt im Stadtteil Passau-Lindau.

Die Personenschifffahrt in Passau hat eine erstaunliche Entwicklung durchgemacht: Während 1992 nur 181 Kreuzfahrtschiffe in Passau vor Anker gingen, waren es 2014 über 2000 Stück. Entsprechend ist auch die Gästeanzahl gestiegen – von circa 17000 auf rund 250000 Passagiere im Jahr. Inzwischen kommen der städtischen Tourismusleiterin zufolge sogar rund 350000 Kreuzfahrtpassagiere nach Passau. Die 4- bis 5-Sterne-Schiffe sind oft bis zum Schwarzen Meer unterwegs.

Die Personenschifffahrt in Passau reicht weit zurück: Seit 180 Jahren wird sie auf Inn und Donau betrieben. Das erste Rundfahrtschiff begab sich 1950 auf Jungfernfahrt – mit nur zehn Passagieren an Bord. Die 1970er-Jahre bescherten der sogenannten Weißen Flotte einen ersten großen Aufschwung. Seitdem nahm die Zahl der Schiffe, Gäste und Anlegestellen in Passau stetig zu.

350000 Gäste schippern jährlich auf einem der Ausflugsschiffe die Donau – und manchmal auch den Inn – hinauf und hinunter. 150000 davon buchen eine Dreiflüsserundfahrt, um die Stadt vom Wasser aus zu betrachten. Beliebt ist auch das neueste Schiff der Ausflugsflotte: das Cabrioschiff MS Sunliner, welches dank seines Glasschiebedachs bei jedem Wetter eine Rundumsicht ermöglicht. Außerdem punktet es mit geringem Tiefgang: So kann das Ausflugsschiff, das jeweils zur halben Stunde für die Dreiflüsse-

Im Sommer liegen zahlreiche Kreuzfahrtschiffe im Passauer Hafen vor Anker

Stadtrundfahrt eingesetzt wird, die niedrigen Brücken Passaus sogar bei höherem Pegelstand passieren (nähere Infos zu den Ausflugsfahrten ▸ Seite 81).

Daneben sind vor allem bei den Passauer Studenten die legendären Bootspartys beliebt: Vier Stunden sind sie auf der Donau unterwegs, tanzen auf Deck unter freiem Himmel und sehen die grünen Ufer der Donau vorbeiziehen. Die Karten für die Partyfahrten sind oft schon lange im Voraus ausverkauft. Natürlich gibt es auch für andere Personengruppen Events an Bord. Das vielfältige Angebot reicht von Ripperl- bis zu Feuerwerkfahrten.

Rechnet man Ausflügler und Kreuzfahrer zusammen, so macht das pro Jahr gut 700000 Touristen – Tendenz: steigend. Zum Vergleich: In Bremerhaven zählte man im Jahr 2017 200000 Schiffstouristen, in Hamburg 810000.

Die Zahlen gefallen auch der städtischen Wirtschaft. Schließlich braucht es für die Aufrechterhaltung des Betriebs und die Versorgung der Gäste Logistikunternehmen, Handwerker, Stadtführer, Bus- sowie Taxiunternehmen und Hotels für alle Passagiere, die vorab anreisen oder nach der Kreuzfahrt noch ein paar Nächte bleiben.

Spaziergang durch Passau

Auf diesem abwechslungsreichen Streifzug durch die Stadt an den drei Flüssen gelangt man automatisch zu den wichtigsten Sehenswürdigkeiten in Innen-, Alt- und Innstadt. Dabei passiert man Aussichtspunkte, belebte Plätze und einladende Cafés.

Innenstadt

Ein guter Startpunkt für einen Stadtspaziergang ist der zentrale Ludwigsplatz. Zwei steinerne Löwen erinnern hier an das einstige Stadttor von Passau. Von dort geht es direkt weiter in die **Ludwigstraße,** die belebte Passauer Fußgängerzone mitten in der Innenstadt. Sowohl dort als auch in den kleinen Straßen links und rechts davon reihen sich viele verschiedene Geschäfte aneinander, unterbrochen durch gemütliche Cafés und Restaurants, die zum Bummeln, Entspannen und Genießen einladen.

Rund um die ruhige Heiliggeistgasse befinden sich außerdem vier Kirchen: die **Votivkirche** 1, die **Heilig-Geist-Kirche** 2, die evangelische **Matthäus-Kirche** 3 und die **Sankt-Anna-Kapelle.** Letztere wird nicht mehr kirchlich genutzt, sondern bietet Raum für wechselnde Kunstausstellungen (▶ Seite 77).

Zu den beliebten Seitenstraßen der Ludwigstraße zählen vor allem die **Theresienstraße** sowie die **Große Klingergasse,** wo sich ein Restaurant an das nächste reiht und vor allem an warmen Sommerabenden viel los ist.

Besonders schön ist auch die abzweigende **Grabengasse,** welche malerisch von der Innenstadt in die unmittelbare Nähe der schön angelegten Innpromenade führt. Dort findet während des Sommers jeden zweiten Samstag ein Flohmarkt unter den alten Kastanienbäumen

Ein farbenfrohes Blumenbeet schmückt den Platz neben dem Paulusbogen

statt (▸ Seite 79). Außerdem zweigt von der Grabengasse die enge, italienisch anmutende **Carlonegasse** ab. Diese endet direkt am Domplatz.

Wer auf der Ludwigstraße bleibt und ihrem Verlauf weiter geradeaus folgt, erreicht über die schmale Gasse Heuwinkel den quirligen **Rindermarkt** – einen kleinen Platz, der vor allem durch das italienische *Café Centrale,* das Tische und Stühle mitten am Platz stehen hat, belebt wird.

Altstadt

Der **Paulusbogen** am Ende des Rindermarkts hat seinen Namen der angrenzenden katholischen **Kirche St. Paul** 4 zu verdanken. Sie fällt hier in den engen Altstadtgassen gar nicht so sehr auf. Umso markanter wirkt sie dagegen vom anderen Donauufer aus.

Die barocke Pfarrkirche wurde 1678 fertiggestellt, nachdem ihr Vorgängerbau beim großen Stadtbrand von 1662 zerstört worden war. Im schlichten Innenraum – vor allem verglichen mit dem prunkvollen Stephansdom – sticht sofort der in schwarz gebeiztem Holz gehaltene Hauptaltar ins Auge. Er erstreckt sich bis zur Decke und ist mit goldenen Ornamenten und Figuren sowie einem großen Gemälde, das die Enthauptung des heiligen Paulus zeigt, geschmückt. Auch bei den beiden kleinen Seitenaltären dominieren die Farben Schwarz und Gold.

Am Paulusbogen vorbei, dem ältesten der fünf erhaltenen Stadttore, gelangt man nach rechts über die enge, gemütlich wirkende Luragogasse mit den beliebten Cafés *Schöffberger* und *Café Anton* (▸ Seite 72) zum malerischen **Domplatz.**

Blick vom Rindermarkt auf St. Paul

Hier hat man eine hervorragende Sicht auf das beeindruckende Wahrzeichen der Dreiflüssestadt: den Passauer Stephansdom, der in leuchtendem Weiß erstrahlt. Jeden Samstag von 7 bis 14 Uhr findet dort der Passauer Wochenmarkt mit frischen Lebensmitteln und bunten Blumen statt. In der Weihnachtszeit dient der Domplatz als Bühne für den romantischen Passauer Christkindlmarkt mit seinen grünen Buden.

Mitten auf dem Domplatz steht das sogenannte **Max-Denkmal.** Es zeigt den ersten bayerischen König Maximilian I. Joseph (1806–1825), der den linken Arm ausstreckt. Diese Geste verlieh der Statue die umgangssprachliche Bezeichnung als Regenprüfer. Die Stadt ließ das beachtliche Denkmal anlässlich des 25-jährigen Regierungsjubiläums des Königs erbauen.

Dom St. Stephan ★ 5

Der Passauer Stephansdom ist das strahlende Wahrzeichen der Stadt. Er erhebt sich majestätisch am höchsten Punkt der wunderschönen Altstadt und dominiert von allen Seiten die malerische Ansicht der barocken Stadt.

Erstmals urkundlich als Bischofskirche erwähnt wurde der Stephansdom im Jahr 730, seit 739 ist er Kathedrale der Diözese. Von da an wurde er im Rahmen unterschiedlicher Bauphasen über die Jahrhunderte immer wieder angepasst und verändert. Spuren der Vorgängerbauten sind kaum noch vorhanden, denn sie wurden weitgehend durch den großen Stadtbrand von 1662 ausgelöscht – nur der spätgotische Ostteil blieb bestehen.

Der barocke Neubau erfolgte von 1668 bis 1693, dabei wurden die übrig gebliebenen gotischen Bauelemente mit einbezogen. Den Auftrag für den Wiederaufbau im barocken Stil erhielt der italienische Architekt und Baumeister Carlo Lurago. Ihn unterstützten Giovanni Battista Carlone und Carpoforo Tencalla. Während Letzterer die Hauptfresken malte, kümmerte sich Carlone darum, den mächtigen Innenraum mit prachtvollen Stuckarbeiten auszustatten.

Der imposante Stephansdom dominiert den Domplatz mit dem Max-Denkmal

Die Ausmaße des Doms sind imposant: Das Langhaus ist 33 Meter breit und 102 Meter lang. Die Scheitelhöhe des Mittelschiffgewölbes beträgt 29 Meter. In seiner eindrucksvollen Größe und prachtvollen künstlerischen Ausstattung spiegelt sich noch heute wider, wie bedeutend der Dom als Mutterkirche des größten Bistums im Heiligen Römischen Reich deutscher Nation war.

Den wohl schönsten Blick auf den Dom hat man vom beschaulichen Domplatz aus. An dessen Ostseite ragt die schmucke Barockfassade der dreischiffigen Bischofskirche St. Stephan mit ihren 68 Meter hohen Zwillingstürmen empor. Beide werden von eleganten Barockkuppeln in Grün bekrönt. Im Hintergrund ist der Vierungsturm zu sehen, der ebenfalls eine grüne Haube trägt.

Den Stadtbrand von 1662 hat nur der spätgotische Ostteil des früheren Kirchengebäudes, bestehend aus dreischiffigem Chor, Querhaus und Vierungsturm, überstanden. Er stammte vom deutschen Baumeister Hans Krumenauer und wurde in den barocken Neubau integriert. Carlo Lurago gelang es dabei, die gotischen Überbleibsel perfekt mit der barocken Architektur und Malerei zu vereinen. Daher spricht man heute gerne vom barocken Dom mit gotischer Seele. Vom Residenzplatz aus hat man einen besonders guten Blick auf den spätgotischen Ostteil des Doms. Dort befindet sich auch das reich verzierte Stephanstürmchen mit der kleinen Figur des Kirchenpatrons auf dem Dach.

Wer das recht hell wirkende Kircheninnere zum ersten Mal betritt, fühlt sich meist übermannt angesichts der Fülle an Stuck, Malereien, Figuren und vergoldeten Ornamenten. Das Langhaus teilt sich auf in fünf Joche, die durch reich stuckierte Bögen voneinander getrennt sind.

Die **Deckenfresken** der einzelnen Joche zeigen unterschiedliche religiöse Szenen, welchen jeweils vier Tugenden, symbolisiert durch Frauenfiguren, und Propheten aus dem Alten Testament zugeordnet sind. Daran schließen sich die Kuppelvierung mit dem Gemälde des Gottvaters inmitten der Evangelisten und der Chor an, dessen Fresko die Steinigung des heiligen Stephanus zeigt. Wer genau hinsieht, erkennt, dass die gemalten Körperteile der Figuren zum Teil plastisch werden und aus der Wand herausragen – zum Beispiel die Engelsbeine neben dem Fenster in der Vierungskuppel, wo sich Haupt- und Querschiff kreuzen. Die Fresken in den Seitenschiffen stammen von Carlo Antonio Bussi. Thematisch bezog er sich auf die darunterliegenden Altäre, erbaut von Carlone.

Sehenswert ist auch der ungewöhnliche **Hochaltar.** Der Münchner Bildhauer Josef Henselmann hat ihn zwischen 1947 und 1953 in auffallend moderner Gestalt geschaffen. Er zeigt die Steinigung des Kirchenpatrons Stephanus, dargestellt durch expressive Figuren aus Pappelholz, die mit Silberfolie überzogen sind. Ins Auge sticht außerdem die komplett vergoldete Kanzel aus Lindenholz, die 1726 in Wien entstanden ist und von allegorischen Figuren geziert wird – darunter befinden sich die vier Evangelisten.

Neben der prunkvollen künstlerischen Ausstattung – der Stephansdom weist den größten barocken Kircheninnenraum nördlich der Alpen auf – gibt es noch einen weiteren Grund, der den Dombesuch lohnenswert macht: die größte **Dom-**

Im opulenten Inneren des Doms befindet sich die größte Domorgel der Welt

orgel der Welt mit fünf Orgelwerken, 233 Registern und 17 974 Pfeifen. Sie alle kann der Organist vom Hauptspieltisch auf der Orgelempore betätigen. Die Schauseite der großen Domorgel schnitzte Matthias Götz um 1732. Eine Besonderheit stellt die Echoorgel dar: Sie liegt versteckt in der Langhausmitte zwischen Gewölbe und Dach. Ihre gedämpften Töne dringen durch das sogenannte Heiliggeistloch in den Kircheninnenraum. Bei den regelmäßig stattfindenden Orgelkonzerten kommen Besucher in den Genuss des unverwechselbaren Klangs (▶ Seite 76). Auch bei den heiligen Messen wird die Orgel gespielt. Diese finden täglich um 7.30 Uhr statt, sonntags zusätzlich um 9.30 Uhr sowie um 11.30 Uhr. Karten für das Orgelkonzert werden im sehenswerten **Dominnenhof** verkauft (Zugang linker Hand des Domportals). Dort sind noch Teile des gotischen Kreuzgangs aus dem 14. Jahrhundert erhalten, ebenso wie die Ortenburg-, die Trenbach-, die Lamberg- und die Andreaskapelle. Letztere stammt aus der Zeit um 1300 und heißt auch Herrenkapelle, weil die Domherren dort begraben wurden. Die Kapelle weist ein hübsches Netzrippengewölbe auf und zählt zu den ältesten Hallenkirchen in Bayern. Auch die interessante Führung durch die Bischofskirche startet im schönen, ruhigen Dominnenhof.

Wer nach seinem Dombesuch rechts am gewaltigen Kirchengebäude vorbeiläuft, entlang der schattigen **Zengergasse,** welche den imposanten Dom von der Alten Residenz (dem heutigen Sitz des Landgerichts) trennt, kommt direkt am italienisch anmutenden **Residenzplatz** mit der hübschen Neuen Bischöflichen Residenz heraus.

Der Passauer Tölpel

Verschmitzt und naiv schaut er drein, der Passauer Tölpel an der Mauer des Landratsamtes. Kaum einer kann an ihm vorbeigehen, ohne sich noch einmal nach ihm umzudrehen. Seine überdimensional dicken Lippen, seine großen Augen, die markante Nase und die Haarreihe über der kurzen Stirn bleiben im Gedächtnis haften. Doch wer ist dieser einfältig grinsende Tölpel eigentlich? Und wo kommt er her?

Überlieferungen zufolge stammt der gut eine halbe Tonne schwere Steinkopf von einer mächtigen Figur des gotischen Doms, die beim großen Stadtbrand von 1662 beziehungsweise in seiner Folge hinabstürzte und zerbrach. Der Kopf blieb dabei weitgehend unversehrt. Vermutungen legen nahe, dass die mittelalterlichen Bildhauer keinen Dummkopf erschaffen wollten, sondern eine religiöse Figur, die den Gläubigen aus der Ferne je nach Lichteinfall einen milden oder strengen Gesichtsausdruck vermittelt.

Der letzte, über hundert Jahre währende Aufenthaltsort des Tölpels war die Veste Oberhaus. Seinen Weg zurück in die Passauer Altstadt fand er im Jahr 2003. Seitdem grinst er Passanten von der Mauer des Passauer Landratsamts aus an, das sich ganz in der Nähe des Stephansdoms befindet.

Kaum zu glauben, dass der Passauer Tölpel in früheren Zeiten als Wahrzeichen der Stadt galt, weit über ihre Grenzen hinaus bekannt war und in einem Zuge mit anderen Sehenswürdigkeiten genannt wurde. Sogar Goethe soll über ihn geschrieben haben. Nicht von Goethe, sondern von Anton Niederleuthner (1846–1907), Ehrenbürger und königlicher Oberamtsrichter in Passau, stammt folgender Vers: „Von Passaus Dom fiel ich herunter, wobei mein schöner Leib zerbrach. Bin trotzdem kreuzwohlauf und munter, und nur im Kopf noch etwas schwach!“

Residenzplatz 6

Der malerische Residenzplatz zählt zu den wohl schönsten Plätzen in der historischen Altstadt. Mit der herrschaftlichen Neuen Residenz, den bunten Fassaden der schicken Wohnhäuser, dem gotischen Ostchor des Doms und dem barocken Brunnen in der Mitte des Platzes versprüht er einen unverwechselbaren mediterranen Charme. Das liegt auch an den zahlreichen Cafés und Restaurants, die ihre Tische und Stühle auf und um den Platz aufstellen. Im Sommer tummeln sich dort zahlreiche Besucher und füllen den Ort mit prallem Leben.

Der sogenannte **Wittelsbacher Brunnen** bildet das Zentrum des malerischen Residenzplatzes. Er wurde 1903 erbaut, um an die damals hundertjährige Zugehörigkeit Passaus zu Bayern zu erinnern. Auf der bauchigen Brunnensäule thront Maria, Mutter Gottes und Patronin Bayerns, mit dem Jesuskind. Die drei Engel, die den unteren Teil der Säule zieren, stehen für die drei Passauer Flüsse Donau, Inn und Ilz.

Früher hieß der Residenzplatz „Unter den Krämern", denn hier befand sich rund fünfhundert Jahre lang das größte Warenhaus Passaus, das 1712 für den Bau der Neuen Bischöflichen Residenz weichen musste.

Neue Bischöfliche Residenz 7

Diese wurde im 18. Jahrhundert für die Passauer Fürstbischöfe im Stil des Wiener Spätbarocks errichtet und erweitert, da die Alte Residenz bei den Stadtbränden starke Schäden davongetragen hatte und durch einen Anbau vervollständigt werden sollte. Der damals neu errichtete dreistöckige Bau vereint barocke sowie klassizistische Formen und beherrscht den gesamten Residenzplatz. Die Fassade ist reich verziert, mit zwei marmornen Portalvorbauten, einer aufwendigen Dachbalustrade und prunkvollem Figurenschmuck.

Der Residenzplatz mit seinen schmucken Fassaden ist ideal für eine kleine Auszeit

Im Inneren der Bischöflichen Residenz (Zugang über das rechte Portal) befindet sich das **Museum am Dom** 8 (▸ Seite 65), das Objekte des Domschatzes wie Monstranzen, gotische Tafelbilder und liturgische Gewänder zeigt. Sehr eindrucksvoll ist das frei zugängliche **Treppenhaus** mit einem faszinierenden Deckenfresko von Johann Georg Unruhe und verspielten, feingliedrigen Stuckaturen von Johann Baptist Modler.

Hofapotheke 9

Am Residenzplatz befindet sich auch die historische Hofapotheke. Dabei handelt es sich um die älteste Apotheke Bayerns, in die man unbedingt einen Blick werfen sollte – sie wurde 2010 zur schönsten Apotheke Deutschlands gewählt.

Rathausturm am Ende der Schrottgasse

Altes Rathaus ★ 10

Über die vom Residenzplatz östlich abzweigende **Schustergasse** gelangt man zur leicht abschüssigen **Schrottgasse**. Sie lässt aufgrund ihres Namens erst gar nicht vermuten, dass sich hier der Eingang zum herrschaftlichen Alten Rathaus mit seinen prunkvollen Rathaussälen befindet.

Leider sind die **barocken Rathaussäle** derzeit nur selten für die Öffentlichkeit zugänglich. An den prächtigen großen Rathaussaal schließt sich ein kleiner an, in dem oft Trauungen stattfinden. Beide Säle schmücken eindrucksvolle Gemälde. Eine besondere Erwähnung verdienen die mächtigen Ölgemälde des Historienmalers Ferdinand Wagner. Sie zeigen die Hochzeit Kaiser Leopolds I. im Jahre 1676 sowie den Einzug der Kriemhild.

Am großzügigen **Rathausplatz** angekommen, kann man das mächtige Gebäude mitsamt seinem 38 Meter hohen Turm im neugotischen Stil nochmals in seiner vollen Pracht bewundern. Früher befanden sich hier, direkt am Ufer der Donau, der Fischmarkt sowie die Hauptanlegestelle der Handelsschiffe. Davon zeugt noch heute das Alte Zollamt, ein mächtiger roter Backsteinbau, am östlichen Ende des Platzes.

Das imposante Alte Rathaus ist Symbol für das bürgerliche Selbstbewusstsein der Passauer, die sich ihre Rechte seit dem frühen 14. Jahrhundert immer wieder erkämpfen und gegen die einflussreichen Fürstbischöfe verteidigen mussten. Der spätgotische Saalbau im venezianischen Stil wurde um 1400 erbaut und dominiert den großen Rathausplatz. Besonders auffällig sind die ansehnlichen Maßwerkfenster. Diese wurden früher von Fassadenfresken umgeben. 1922 ersetzte man sie durch

Im Sommer verwandelt sich der Rathausplatz in einen belebten Stadt-Biergarten

aufwendige Wandbilder, die unter anderem Kaiser Ludwig von Bayern zeigen. In den Sommermonaten verwandelt sich der Rathausplatz in einen großen Biergarten vor unverwechselbarer Kulisse, wenn das *Löwenbrauhaus* (▶ Seite 70) dort zahlreiche Tische, Stühle und Sonnenschirme aufstellt und mit kühlem Bier und bayerischen Köstlichkeiten lockt.

Am reich verzierten **Rathausturm** (erbaut um 1890) sind die Hochwassermarken der letzten Jahrhunderte angebracht. Wer unmittelbar davor steht, kann meist gar nicht glauben, dass das Wasser tatsächlich einmal diese Pegelstände erreichen konnte. Direkt neben den Hochwassermarken befindet sich der Eingang zur Tourist-Information (▶ Seite 67), wo sich Gäste mit umfangreichem Informationsmaterial eindecken, Tipps geben und Zimmer vermitteln lassen können. Aus dem Turm ertönt dreimal täglich ein entzückendes Glockenspiel: um 10.30, 14 und 15.30 Uhr.

Höllgasse 11

Wer vor der Rathausfassade steht und nach rechts blickt, sieht vor sich die enge Höllgasse mit ihren bunten Pflastersteinen. Bei ihr handelt es sich um die romantische Künstlergasse der Stadt, wo einige kleine Galerien zu Hause sind. Früher waren es deutlich mehr, doch nach dem großen Hochwasser im Jahr 2013 haben sich viele Künstler neue Ateliers an sichereren Standorten gesucht. Dennoch steht die Höllgasse nach wie vor für die lebendige Künstlerszene der Stadt. Oft sind dort fantasievolle Kunstwerke aller Art hoch oben zwischen den Häuserreihen aufgehängt.

An der Ecke Schrottgasse/Höllgasse steht das alteingesessene *Hotel Wilder Mann,* welches auch das umfangreiche **Glasmuseum** 12 (▶ Seite 65) mit über 30 000 Exponaten von historischen Gläsern mit Diamantgravierung bis hin zu ausgefallenen Vasen in allen Farben und Formen beherbergt.

Vom Rathausplatz selbst bietet sich ein toller Blick auf die mittelalterliche Burg Veste Oberhaus auf dem bewaldeten Georgsberg am anderen Donauufer. Die große Inschrift auf der weißen Fassade nennt das Jahr 1499 – bei der zweiten Ziffer handelt es sich um eine „halbe Acht“. Die trutzige Veste wurde allerdings schon früher errichtet. Über die nahe Prinzregent-Luitpold-Brücke gelangt man hinüber zum Aufstieg.

Veste Oberhaus ★ 13

Bei einem Aufenthalt in Passau ist ein Besuch der mittelalterlichen Burganlage Veste Oberhaus ein Muss: Zum einen, weil an diesem Ort die jahrhundertlange Geschichte Passaus lebendig wird. Und zum anderen, weil man von dort einen sagenhaften Ausblick auf die Stadt und ihre nähere Umgebung genießen kann. Die Veste Oberhaus thront in 108 Metern Höhe auf dem Georgsberg zwischen Donau und Ilz und stellt mit einer umbauten Fläche von 65 000 Quadratmetern eine der größten erhaltenen Burganlagen in Europa dar.

800 Jahre hat die wehrhafte Burg bereits auf dem Buckel: 1219 errichtet, diente sie über Jahrhunderte als Zwingburg und Residenz der Passauer Fürstbischöfe. Wer heute die mächtige Anlage betritt, fühlt sich zwischen den alten Mauern und Türmen in eine andere Zeit zurückversetzt.

Besonders greifbar und verständlich wird die bewegte Passauer Stadtgeschichte im modern gestalteten **Oberhausmuseum**, das sich innerhalb der Burgmauern auf rund 3 000 Quadratmetern Ausstellungsfläche erstreckt (▶ Seite 65). Das Museum zeigt die Geschichte der Bischofsstadt und stellt immer wieder wechselnde

Die Höllgasse mit den bunt bemalten Pflastersteinen ist ein Refugium für Künstler

Sonderausstellungen zu unterschiedlichen kulturhistorischen Themen auf die Beine. Ein Besuch des Museums ist auch für Kinder spannend und abwechslungsreich.

Bei einem Rundgang durch die Räume des Museums wird auch die Geschichte der Veste selbst deutlich: Bischof Ulrich II. ließ die Burg 1219 erbauen, nachdem ihm der Kaiser zwei Jahre zuvor die Reichsfürstenwürde verliehen hatte. Die Veste Oberhaus sollte diese mächtige Stellung unterstreichen und den Passauer Bischöfen Schutz vor äußeren und inneren Feinden gewähren. Die Passauer Bischöfe waren von nun an als Fürstbischöfe sowohl geistliche als auch weltliche Herrscher. Das missfiel den Passauer Bürgern, die sich für ihre Freiheit kämpfend mehrfach gegen die Herrschaft auflehnten und die Burg angriffen – doch nie mit Erfolg.

Mit der Säkularisation im Jahr 1803 musste der Passauer Fürstbischof seine weltliche Macht über die Stadt abgeben. Schnell wurde sie von Bayern eingenommen. Der Bündnispartner des Landes, Napoleon Bonaparte, richtete im Oberhaus eine Grenzbastion im Krieg gegen Österreich ein. Später fungierte die Burg auch noch als Gefängnis, bis sie 1932 in den Besitz der Stadt überging, die dort ihr Museum eröffnete.

Nur über das Museum haben Besucher Zugang zum einzigartigen Aussichtspunkt Batterie Linde. Dabei handelt es sich um eine von Wehrmauern begrenzte Terrasse am südöstlichen Ende der Anlage, die eine sagenhafte Aussicht auf den malerischen Zusammenfluss von Donau, Inn und Ilz bietet. Von dort oben sind die unterschiedlichen Farben der drei Flüsse besonders deutlich zu sehen. Auch der Aussichtsturm im oberen Teil der Veste lohnt den Aufstieg. Von hier hat man einen weiten Blick auf Passau und Umgebung. Auf dem Festungsgelände gibt es noch weitere herrliche Aussichtspunkte, die frei zu-

Beim Aufstieg zur Veste Oberhaus bietet sich ein grandioser Blick auf die Altstadt

Panoramablick ins Donautal vom oberen Aussichtspunkt der Veste Oberhaus

gänglich und zum Teil mit einem neu eingebauten Aufzug verbunden sind.

Es gibt drei Möglichkeiten, die Veste Oberhaus zu erreichen: zu Fuß, mit dem Auto oder mit dem Pendelbus.

Wer die Festung aus eigener Kraft erreichen möchte, spaziert über die große Hängebrücke (Prinzregent-Luitpold-Brücke), überquert die Straße und steigt die ersten Stufen des sogenannten Ludwigsteigs hinauf, welcher 1893 aus dem Felsen gesprengt wurde.

Ein Stück weiter oberhalb gabelt sich der idyllische Weg am Achteckturm und bietet zwei Optionen, um zur Veste zu gelangen: Entweder man setzt ihn rechter Hand entlang des eindrucksvollen Wehrgangs fort, welcher die Veste Oberhaus mit dem Niederhaus verbindet. Oder man wendet sich nach links und folgt dem idyllischen Ludwigsteig. Beide Aufstiege dauern zu Fuß 15 Minuten. Radfahrer sollten ihre Räder am besten unten stehen lassen.

Alternativ kann man auch den Pendelbus ab dem Rathausplatz nutzen. Er fährt vom 15. März bis 15. November täglich zwischen 10 und 18 Uhr alle halbe Stunde bis zum Burginnenhof und wieder zurück. Einzelfahrten sind direkt beim Busfahrer zu lösen und kosten zwei Euro.

Mit dem Auto fährt man entweder über die Ferdinand-Wagner-Straße oder die Neue Rieser Straße zur Festung hinauf. Dort sind am Ende der Straße Rennweg kostenlose Parkplätze vorhanden.

Das Burgareal mit Aussichtsturm beherbergt neben dem interessanten Oberhausmuseum (▶ Seite 65) auch die Jugendherberge, das Restaurant und Café *Das Oberhaus* (▶ Seite 74) sowie die von ehrenamtlichen Hobbyastronomen betreute **Volks-**

Das legendäre Scharfrichterhaus

sternwarte. Dort finden jeden Mittwochabend bei klarem Himmel kostenlose Führungen statt.
Wieder zurück am – vor allem an sonnigen Sommertagen sehr belebten – Rathausplatz kann man zu einer der beliebten **Dreiflüsse-Stadtrundfahrten** (▶ Seite 81) starten, die Besuchern die bezaubernde Stadt aus einer völlig neuen Perspektive, nämlich vom Wasser aus, präsentieren.

Scharfrichterhaus 14

Links neben dem eindrucksvollen Alten Rathaus, etwas zurückversetzt, befindet sich das legendäre Scharfrichterhaus: Einst stellte es das mittelalterliche Gefängnis und Wohnhaus des Henkers dar. Inzwischen glänzt es als politisches Kabarett, das 1977 gegründet wurde (▶ Seite 78). Seit über 30 Jahren wird dort jährlich das begehrte *ScharfrichterBeil* an talentierte Nachwuchskabarettisten verliehen. Bei der ersten Durchführung des unterhaltsamen Wettbewerbs im Jahr 1983 gewann den Kabarettpreis übrigens direkt eine Person, die heute jeder kennt: Hape Kerkeling.

Folgt man der schmalen **Marktgasse** rechter Hand des Scharfrichterhauses – das übrigens auch ein schickes Restaurant mit österreichischen Schmankerln beherbergt –, läuft man direkt auf das Amtsgericht zu. Wer sich dort nach links wendet, kann die ehemalige Jesuitenkirche St. Michael bewundern.

St. Michael 15

Die hübsche, in zartem Rosa gehaltene, doppeltürmige Kirche gehörte zum einstigen Jesuitenkolleg in Passau. Nach dem verheerenden Stadtbrand von 1662 baute sie die begabte

Buchtipp: Um zwoa an da Ua

Geschichten und Anekdoten aus Passau
von Matthias Koopmann (Wartberg Verlag)
Koopmann, der Besucher sonst auf seinen *Stadtfuchs-Touren* durch Passau führt (▶ Seite 67), erzählt in diesem Büchlein von Brückenpfand, Fähren über den Inn, dem Treffpunkt „Persil-Uhr“, Menschen und Ereignissen. Ergänzt werden seine Erzählungen durch Fotos aus der damaligen Zeit.

Künstlerfamilie Carlone als klar gegliederten Wandpfeilerbau im Stil des italienischen Barocks bis 1677 wieder auf. Im Innenraum fallen neben den opulenten Stuckarbeiten vor allem die prächtige Kanzel aus dem frühen 18. Jahrhundert sowie der eindrucksvolle Hochaltar aus dem Jahr 1714 mit der Darstellung des Engelssturzes auf.

Nach der Besichtigung von St. Michael folgt man weiter der Schustergasse, die nach links in die **Michaeligasse** mündet. Gleich wieder rechts führt die unscheinbare Jesuitengasse zum etwas versteckt liegenden **Kloster Niedernburg** mit der Klosterkirche Heiliges Kreuz.

Klosterkirche Heiliges Kreuz 16

Die Kirche, deren Ursprünge bis ins 8. Jahrhundert zurückreichen, erscheint seit ihrem Wiederaufbau im 19. Jahrhundert mit ihren beiden Türmen im neoromanischen Stil. Dennoch lassen sich noch die mittelalterlichen Züge der Anlage erkennen. Zur Benediktinerinnenabtei wurde die Anlage um das Jahr 1000.

Besonderer Anziehungspunkt ist das **Grab der Seligen Gisela,** das sich in einer Seitenkapelle der klösterlichen Heiligkreuzkirche befindet. Gisela war die erste Königin Ungarns, Gattin des ungarischen Königs Stephan und Schwester des deutschen Kaisers Heinrich II. Nach dem Tod ihres

Der Innenraum von St. Michael besticht durch seine prächtige barocke Ausstattung

Mannes trat Gisela 1042 in das Benediktinerinnenkloster ein und stand dem Konvent bis zu ihrem Tod im Jahr 1065 als Äbtissin vor. Seit Jahrhunderten und noch bis heute pilgern die Menschen zu ihrem Grab, unter ihnen vor allem Ungarn. Meist verehren sie auch das Gnadenbild Mariä Schutz, das 1567 dort aufgestellt wurde.

Weiter der **Jesuitengasse** folgend und dann rechts in die **Bräugasse** gelangt man zur Marienkirche.

Marienkirche 17

Die Kirche, die heute nur noch als Ruine existiert, war einst über eine spätgotische Halle mit der benachbarten Heiligkreuzkirche verbunden. Um das Jahr 1150 an der Ostseite des Klosters Niedernburg errichtet, baute man die Marienkirche nach ihrer Zerstörung durch den großen Stadtbrand von 1662 nicht wieder auf.

Ein wahrer Schatz blieb jedoch erhalten: die beeindruckenden **spätromanischen Fresken** aus der Zeit um 1200 in der ehemaligen Vorhalle der Kirche. Sie zählen zu den wichtigsten im südostbayerischen Raum und zeigen das Gastmahl von Bethanien sowie die Geschichte vom reichen Prasser und vom armen Lazarus. Besucher können durch Plexiglas einen Blick in die eindrucksvolle Vorhalle werfen (Bräugasse 14, tgl. 10–18 Uhr).

Direkt gegenüber der Marienkirche befindet sich das sehr sehenswerte **Museum Moderner Kunst** 18 (▶ Seite 65). Von dort geht es weiter die Bräugasse entlang gerade-

Am Donaukai reihen sich vor der Kirche St. Paul bunte Häuser aneinander

aus und bei der nächsten Möglichkeit nach links in die kurze Straße **Ort** zum Donauufer.

Donaukai 19

Am Donaukai sticht die bronzene Emerenz-Meier-Büste ins Auge. Sie war eine der bedeutendsten bayerischen Volksdichterinnen (1874–1928), die unweit von hier zeitweise ein Gasthaus führte. Auch nach ihrer Auswanderung nach Amerika 1906 blieb sie ihrer Heimat verbunden.

Am gegenüberliegenden Ufer fällt der Blick auf die markante **Veste Niederhaus** 20, die im 13. Jahrhundert erbaut wurde. Da sich die Burg am Zusammenfluss von Ilz und Donau in Privatbesitz befindet, kann sie nicht besichtigt werden.

Vom Donaukai aus bietet sich auch ein toller Blick auf die auffällige Hängebrücke Prinzregent-Luitpold-Brücke, welche die mittelalterliche Altstadt mit der Ilzstadt verbindet.

Am mächtigen Donaukai selbst befindet sich die Rückseite des Museums Moderner Kunst mit dem *Café Museum* (▶ Seite 76), das bei gutem Wetter mit Sitzplätzen in bester Lage direkt am Donauufer lockt und wo regelmäßig tolle Jazz-Veranstaltungen stattfinden.

Auf dem Weg zur romantischen Passauer Ortsspitze passiert man vor allem im Sommer zahlreiche Flusskreuzfahrtschiffe, die auch mal den Blick auf den einzigartigen Zusammenfluss einschränken können.

Hinter der grünen Ortsspitze erhebt sich die hübsche Wallfahrtskirche Mariahilf

Ortsspitze ★ 21

Das einmalige Dreiflüsseeck, auch Ortsspitze genannt, ist ein besonderer Ort – auch wenn sich Einheimische und Zugezogene dessen oft gar nicht mehr bewusst sind. An der Spitze der Altstadt, wo Donau, Inn und Ilz zusammenfließen, erstreckt sich eine schmale Landzunge, die aufgrund ihrer Form an einen Schiffbug erinnert. Früher trennte sie ein Kanal von der Altstadt, heute kann man auf einem schmalen Weg bis zur Ortsspitze spazieren und von dort beobachten, wie sich die Flüsse in einem interessanten Farbenspiel – zumindest bei gutem Wetter sichtbar – vereinen. Der Blick gen Osten ist idyllisch: Auf beiden Seiten des Flusses sind vor allem grüne Hügel zu sehen. Übrigens: Das rechte Donauufer gehört bereits zu österreichischem Gebiet.

via Tipp Innpromenade 22

Weiter geht es entlang des romantischen Inns. Ein Spaziergang entlang der traumhaften **Innpromenade** gehört vor allem an sonnigen Sonntagen zum Pflichtprogramm eines jeden Passauers. Der Inn bietet im Vergleich zur Donau die schönere Flusspromenade – deshalb sollte man sich einen ausgedehnten Spaziergang am Ufer des Inns auf keinen Fall entgehen lassen.

Dort ragt auf einem schroffen Felsen auch der markante **Schaiblingsturm** 23 empor, ein weiteres Wahrzeichen Passaus. Der dicke, runde Turm mit spitzem Kegeldach entstand um 1250 als Teil der mittelalterlichen Stadtbefestigung und diente später unter anderem als Speicher für Schießpulver. Auf der anderen Uferseite des Inns sieht man hoch oben über der Passauer Innstadt die hübsche Wallfahrtskirche Mariahilf, die dort Anfang des 17. Jahrhunderts errichtet wurde.

Auf Höhe der Marienbrücke befindet sich hinter einer hellen Fassade das **Passauer Theater im Fürst-**

bischöflichen Opernhaus mit den Veranstaltungssälen in der Redoute (▶ Seite 78). Von der Innpromenade aus erreicht man es über eine Treppe. Das Theater bietet ein abwechslungsreiches und hochwertiges Programm. Im entzückenden Innenraum fühlt man sich als Zuschauer in eine andere Zeit zurückversetzt.

Innstadt

Zur romantischen Innstadt, einem zentralen Stadtteil Passaus, gelangt man nun über die große **Marienbrücke,** die sich über den grün schimmernden Inn spannt. Abgesehen von der Hauptverkehrsader Mariahilfstraße/Schmiedgasse wirkt die hübsche Innstadt sehr friedvoll. Direkt neben der Brücke befindet sich die elegante **Kirche St. Gertraud.** Vom davor liegenden St.-Gertraud-Platz hat man einen fantastischen Blick auf die Passauer Altstadt mit ihren farbenfrohen Gebäuden. Es handelt sich dabei um die sogenannte italienische Ansicht mit dem grünen Inn und dem leuchtend weißen Dom im Vorder- und der trutzigen Veste Oberhaus im Hintergrund. Außerdem hat man auch einen tollen Blick auf den reizvollen Promenadenbereich entlang des gegenüberliegenden Innufers, der dank zahlreicher Blumenbeete besonders schön angelegt ist.

Wer Lust und noch genügend Energie hat, kann nun die hübsche frühbarocke Wallfahrtskirche Mariahilf mit dem dazugehörigen Kloster besichtigen, die hoch oben auf dem baumbestandenen Mariahilfberg thront. Ansonsten geht es über die Lederergasse und den auch „Fünferlsteg" genannten Innsteg zurück ins Zentrum Passaus (▶ Seite 63).

Wallfahrtskirche Mariahilf ★ 24

An sich ist der Gebäudekomplex des Klosters gar nicht so groß, dafür liegt er aber sehr exponiert auf dem Hügel über der friedvollen Innstadt, dem sogenannten Mariahilfberg. Der Tessiner Künstler Francesco Garbanino erbaute die reizende Wallfahrtskirche von 1624 bis 1627 im Stil des frühen Barocks. Die Marienwallfahrt wurde zwei Jahre zuvor durch Domdekan Freiherr Marquard von Schwendi gegründet. Ziel der Pilger ist bis heute das Gnadenbild der Madonna mit Kind, das über dem Altar der Wallfahrtskirche hängt. Bei dem eindrucksvollen Gemälde handelte es sich von Anfang an um eine circa 1620 angefertigte Kopie des Ursprungsbildes von Lucas Cranach dem Älteren. Das Originalgemälde, welches sich heute im Innsbrucker

Wallfahrtskirche Mariahilf

Bunte Fassaden zieren auch die Häuser in den schmalen Gassen der Innstadt

Dom befindet, wurde von Cranach nach 1537 geschaffen.

Die Wallfahrtskirche Mariahilf mit dem bewundernswerten Gnadenbild lockte von Beginn an zahlreiche Pilger an, vor allem aus Süddeutschland und Österreich. Einen wahren Aufschwung erlebte die Marienwallfahrt nach Passau jedoch nach der erfolgreichen Befreiung Wiens von den Türken im Jahr 1683, für die Leopold I., Kaiser des Heiligen Römischen Reiches, in der Passauer Wallfahrtskirche gebetet hatte („Maria hilf!"). Die Säkularisation im Jahr 1803 führte zum drastischen Rückgang der Wallfahrt. Sie gewann erst 30 Jahre später allmählich wieder an Bedeutung. Heute ist Mariahilf immer noch ein wichtiger Wallfahrtsort. Über Jahrhunderte betreuten die Kapuzinermönche die Kirche. Erst 2002 trat der polnische Paulinerorden deren Nachfolge an.

Das sehenswerte **Kloster** lässt sich über die 1628 angelegte Wallfahrtsstiege erreichen, einen überdachten Treppengang, der auch als **Himmelsleiter** 25 bezeichnet wird. Der Zugang liegt etwas versteckt im Kuhgäßchen in der Nähe des **Kapuzinerplatzes**, den man über die **Schmiedgasse** erreicht. Die gläubigen Pilger steigen die 321 Wallfahrtsstufen langsam betend hinauf. An den Wänden hängen zahlreiche Votivbilder, kleine Kreuze und zu Papier gebrachte persönliche Gebete. Diese passierend, steigt man zum Kloster hinauf und kann oben angekommen direkt die vergleichsweise schlichte Klosterkirche betreten. Im kleinen Innenraum ist alles auf den goldenen Hochaltar (1719) ausgerichtet, den das bezaubernde Gnadenbild der Madonna mit Kind ziert. Daneben fällt die sogenannte Kaiserampel auf, ein prunkvoller Leuchter, den Kaiser Leopold I. anlässlich seiner Hochzeit im Jahr 1676 gestiftet hat. Im Beichtgang sieht man übrigens die Waffen der besiegten Türken, die man nach der geglückten Schlacht in Wien 1683 mitgehen ließ.

Wer nach draußen tritt, kann den kleinen Innenhof bewundern. Außerdem bietet sich vom Aussichtspunkt neben der Wallfahrtskirche ein ausgezeichneter Blick auf die malerisch zu Füßen liegende Stadt. Auch weil sich auf dem Mariahilfberg kein Restaurant befindet, handelt es sich um einen recht stillen und besinnlichen Aussichtspunkt.

Neben der Benutzung der Wallfahrtsstiege gibt es noch weitere Möglichkeiten, um zum Kloster zu gelangen: Mit dem Auto folgt man nach Überquerung der Marienbrücke einfach dem Wegweiser nach Mariahilf und erreicht so über die Straße Mariahilfberg den Parkplatz oberhalb des Klosters. Zu Fuß kann man den Fußweg neben dieser Straße nutzen. Auch die Buslinie K1 bringt Besucher nach oben. Dazu steigen sie bei der Haltestelle Mozartstraße aus. Für die Rückfahrt gibt es eine Bedarfshaltestelle vor dem Tor zum Wallfahrtshof.

In der beschaulichen Innstadt selbst locken ruhige Gassen mit bunten Häuserfassaden, urigen Kneipen und empfehlenswerten Restaurants. Vom Kirchplatz aus gelangt man über die **Lederergasse** zum sehenswerten und modern gestalten **Römermuseum Kastell Boiotro** 26 (▶ Seite 65). Weiter die Straße entlang geht es durch das historische **Severinstor** zur **Kirche St. Severin** 27 mit dem sie umgebenden Friedhof. Sie liegt direkt neben dem schmalen **Fünferlsteg** 28, der sich hier über den Inn spannt.

Neue Mitte & Universität

Auf der nördlichen Innseite erreicht man schließlich mit dem roten Backsteingebäude – der sogenannten Innstegaula – den malerischen Campus der **Universität Passau** 29, welcher sich direkt entlang des Inns erstreckt und vom Hochschulmagazin *Unicum* zum schönsten Campus Deutschlands gekürt wurde. Heute sind an der 1978 gegründeten Universität rund 12 000 Studenten an insgesamt vier Fakultäten eingeschrieben. Sie sorgen für eine junge und lebhafte Atmosphäre in der Stadt. Nach den Vorlesungen treffen sich die Studierenden gerne zum Entspannen an den Ufern der Flüsse oder in einem der unzähligen Cafés.

Wer sich an der Innstegaula nach rechts wendet, dem schmalen Weg über die grüne Innwiese folgt und dann die Straße an der Ampel überquert, gelangt zum weiträumigen Innenhof des **Klosters St. Nikola** 30,

Buchtipp: Todesfalle Campus

von Dagmar I. Schmidbauer (Edition Renumero)

Der Roman aus der Passau-Krimi-Reihe widmet sich Ermittlungen auf dem Campus der Universität Passau, wo eine Studentin ermordet wurde. Spannende Lektüre mit interessanten Charakteren, die sich in der liebevoll beschriebenen Kulisse Passaus bewegen.

der sich über zwei Etagen erstreckt. Früher befand sich hier ein Augustinerstift, heute nutzen die Deutschordensschwestern einen Teil des Klosters. Der andere Teil gehört zur Universität Passau und beherbergt unter anderem Seminarräume und Büros.

Die ehemalige **Klosterkirche St. Nikola** ist heute Universitätskirche. Die eher schlichte und modern gehaltene Kirche wurde 2016 aufwendig renoviert und erstrahlt nun in neuem Glanz. Unterhalb von St. Nikola befindet sich eine sehenswerte frühromanische Krypta.

Den engen Torbogen des Klosters passierend, erreicht man den **Klostergarten** 31 (Kleiner Exerzierplatz), wo jeden Dienstag und Freitag von 7 bis 12.30 Uhr der Passauer Wochenmarkt mit frischen Lebensmitteln und Blumen stattfindet.

Der Klostergarten gehört zur sogenannten **Neuen Mitte** – genauso wie der **Stadtturm** 32, der Zentrale Omnibusbahnhof (ZOB) und das beliebte Einkaufszentrum *Stadtgalerie*. Das Bauvorhaben wurde kontrovers diskutiert, vor allem wegen des starken Gegensatzes zwischen dem fast 40 Meter hohen, kühl und modern wirkenden Stadtturm und den historischen Türmen der Passauer Kirchen.

Nicht nur bei Studenten beliebt: Events wie der Street Food Markt im Klostergarten

Museen

Oberhausmuseum 13
Sehr interessantes und toll aufbereitetes Museum in der Veste Oberhaus, das das mittelalterliche Leben auf der Burg sowie die Geschichte Passaus zeigt. Die Ausstellung ist auch für Kinder geeignet.
Oberhaus 125 | Tel. (08 51) 39 68 00 | www.oberhausmuseum.de |
15. März–15. Nov. Mo–Fr 9–17, Sa/So/Fei 10–18 Uhr

via Tipp **Museum Moderner Kunst** 18
In den großzügigen Räumen des schönen Altstadthauses direkt am Donaukai werden wechselnde Ausstellungen mit Kunst des 20. und 21. Jahrhunderts, oft mit regionalem Bezug, stilvoll präsentiert.
Bräugasse 17 | Tel. (08 51) 38 38 79-0 | www.mmk-passau.de |
Di–So 10–18 Uhr, 1. Juni–30. Sep. auch Mo 10–16 Uhr |
8 €, erm. 5 €, Kinder bis 6 Jahre frei, Familien 15 €

Römermuseum Kastell Boiotro 26
Modern und abwechslungsreich gestaltetes Museum am Standort des ehemaligen römischen Kastells Boiotro. Informiert umfassend über die Zeit der Römer in Passau. Audioguides sind kostenlos verfügbar. Für Kinder geeignet.
Lederergasse 43 | Tel. (08 51) 3 47 69 |
1. März–15. Nov. tgl. außer Mo 10–16 Uhr

Glasmuseum 12
Mit 30 000 Glasobjekten – davon 15 000 ausgestellt – die weltweit größte Sammlung von Glas aus Bayern, Böhmen, Schlesien und Österreich. Sie zieht sich über mehrere Stockwerke im Gebäude des Hotels *Wilder Mann.*
Im *Hotel Wilder Mann* | Schrottgasse 2 | Tel. (08 51) 3 50 71 | www.glasmuseum.de |
Tgl. 9–17 Uhr | 7 €, erm. 5 €, Kinder bis 6 Jahre frei

Museum am Dom 8
Die kleine Ausstellung zu sakralen Objekten wie liturgischen Gewändern und Monstranzen befindet sich in der Neuen Bischöflichen Residenz. Besonders eindrucksvoll: das Rokoko-Treppenhaus und die Deckenfresken.
Residenzplatz 8 | Tel. (08 51) 3 93 33 36 | www.bistum-passau.de |
Mai–Okt. Mo–Sa 10–16 Uhr

Dackelmuseum Kleine Residenz
Von liebevoll bis skurril: In dem weltweit einzigartigen Museum erzählen 9 000 Exponate fast alles über den Dackel und die dazugehörige Weltanschauung.
Große Messergasse 1 | Tel. (08 51) 3 04 39 | www.dackelmuseum.de |
Apr.–Dez. tgl. 10–17 Uhr

Entlang der alten Bahntrasse in der Innstadt bieten sich tolle Altstadt-Ansichten

Hinkommen

Bahn

Passau wird etwa alle zwei Stunden von ICE-Zügen aus Richtung Nürnberg und Wien sowie stündlich von einem RE aus München angefahren.

Von Passau aus gelangt man außerdem mit dem Regionalzug nach Schärding und Linz, mit der Rottalbahn nach Mühldorf sowie an Sommerwochenenden mit der Ilztalbahn nach Freyung im Bayerischen Wald.

Tipp: Wer mit dem RIT-Ticket (▶ Seite 157) per Bahn nach Ostbayern fährt und dort mindestens eine Nacht verbringt, kann bis zu 50 Prozent des Fahrpreises sparen.

Infos unter Tel. (09 41) 58 53 90

Bus

Passau wird vom Fernbus-Unternehmen *Flixbus* angefahren. In Passau selbst gibt es 17 Stadtbuslinien, die das Zentrum mit den umgebenden Passauer Stadtteilen verbinden. Ergänzt werden sie durch die Linienbusse des Landkreises. Dreh- und Angelpunkte sind der Zentrale Omnibusbahnhof (ZOB) sowie der Hauptbahnhof.

Auto

Über die A3 und A92 sowie die B8, B12 und B338 nach Passau.

Parken

Da es sich bei den meisten Parkplätzen im Zentrum um Bewohnerparkplätze handelt, stellen Auswärtige ihr Auto am besten in einem der zentralen Parkhäuser oder auf dem Parkplatz unter der Schanzlbrücke ab. Innenstadtnah lässt es sich am Parkplatz Ilzbrücke (5 €/Tag) oder am P+R-Platz Kapuzinerstraße (3 €/Tag) recht günstig parken. Es gibt ein Parkleitsystem, das unter anderem zum Parkhaus Bahnhofstraße (5 €/Tag), Parkhaus Schanzl (12 €/Tag) und zur Zentralgarage (15 €/Tag) führt.

Taxi Zentrale Passau
Tel. (08 51) 5 73 73 |
www.taxi-zentrale-passau.de

Gut zu wissen

Tourist-Information am Bahnhof
Information, Stadtführungen, Zimmervermittlung und Souvenirs.
Bahnhofstraße 28 | 94032 Passau |
Tel. (08 51) 9 55 98-0 |
www.tourismus.passau.de |
Ostern–Sep. Mo–Fr 9–17, Sa/So/Fei 10.30–15.30 Uhr, Okt.–Ostern Mo–Do 9–17, Fr 9–16, Sa 10.30–15.30 Uhr

Tourist-Information am Rathaus
Information, Stadtführungen, Zimmervermittlung und Souvenirs.
Rathausplatz 2 | Tel. (08 51) 9 55 98-0 |
www.tourismus.passau.de |
Ostern–Sep. Mo–Fr 8.30–18, Sa/So/Fei 9–16, Okt.–Ostern Mo–Do 8.30–17, Fr 8.30–16, Sa/So/Fei 10–15 Uhr

PassauRegioCard
Freie Fahrt im Nahverkehr Passaus un der Region, Ermäßigungen und zahlreiche freie Eintritte, zum Beispiel in Museen, Thermen und bei Stadtrundfahrten. Für aktive Urlauber durchaus lohnenswert. Erhältlich in den Tourist-Informationen.
Für 1, 2, 3, 5, 7 oder 14 Tage erhältlich |
www.passauregiocard.de |
1 Tag 16,50 €, Kinder bis 14 Jahre 14 €

Altstadtführung
Spaziergang zu den wichtigsten Sehenswürdigkeiten in der Passauer Altstadt. Interessante Infos zur Geschichte der Stadt.
Tgl. 14.30 Uhr, Mai–Okt. auch 10.30 Uhr |
Dauer 1 Std. |
Treffpunkt Domportal/Haupteingang |
8 €, Kinder 4 €, Kinder bis 6 Jahre frei |
Mindestteilnehmerzahl 4 Personen

Gepäckaufbewahrung & Fahrradstellplätze

Donau-Schiffs-Reise-Center Eckerl
Kastnergasse 1 |
Tel. (08 51) 3 42 62 |
www.donau-schiffs-reise-center.de | 2 € pro Gepäckstück und Tag | Annahme und Rückgabe zwischen 8 und 17 Uhr

Hauptbahnhof Passau
Bahnhofstraße 29 | Schließfächer für ca. 4 € am Tag sowie überdachte Radunterstellplätze

Obere Donaulände
Schlüssel im Fahrradladen-Passau erhältlich (▸ Seite 81) |
Insgesamt 6 Fahrradboxen |
Nur werktags während der Öffnungszeiten des Fahrradladens Passau

Burgführung
Hier erfährt man spannende Details aus der über 800-jährigen Geschichte der Veste Oberhaus.
Veste Oberhaus | Oberhaus 125 |
Tel. (08 51) 39 68 00 |
www.oberhausmuseum.de | Mai–Okt. jeden ersten Sonntag im Monat 14 Uhr | Dauer 1 Stunde | Treffpunkt am Museumseingang

Stadtfuchs-Touren
Die unterhaltsame und informative Schauspielführung „Passaus Glanz & Elend" nimmt die Besucher mit auf eine Zeitreise durch die Geschichte der Stadt und zu ihren imposanten Bauten. Auch weitere Erlebnisführungen in Passau und im Landkreis.

Tel. (08 51) 4 58 92 | www.stadtfuchs-passau.de | Tgl. 14 Uhr, Sa auch 10 Uhr | Dauer 1.45 Std. | Treffpunkt Rathausturm am Rathausplatz | ab 13 €, Kinder 6 €, Kinder unter 9 Jahre frei | Mindestteilnehmerzahl 5 Personen | Voranmeldung erwünscht

Stadtrundfahrt mit dem Bus
Rundfahrt durch Passau mit dem Cabrio-Bus. Mit Foto-Stopp auf der Veste Oberhaus.
Donau-Schiffs-Reise-Center Helmut Eckerl | Kastnergasse 1 | Tel. (08 51) 3 42 62 | www.donau-schiffs-reise-center.de | März–Okt. mehrmals tgl. | Dauer 1 Std. | Teilnehmer mind. 8, max. 28 Personen | 15 €, Kinder 9 € | ab Untere Donaulände

Gut gebettet

Hotel Passauer Wolf 1
Die modern eingerichteten Zimmer sind geräumig und sauber. Reichhaltiges Frühstücksbuffet und super Lage in der Altstadt. Man kann das Hotel sowohl zur Stadtmitte als auch zum Donauufer verlassen beziehungsweise betreten.
Rindermarkt 6 | Tel. (08 51) 93 15 10 | www.hotel-passauer-wolf.de | €€

Hotel Residenz 2
Das Hotel *Residenz* liegt direkt am Ufer der Donau und bietet 4-Sterne-Komfort in angenehmer Atmosphäre und hervorragenden Service.
Fritz-Schäffer-Promenade 6 | Tel. (08 51) 9 89 02-0 | www.residenz-passau.de | €€

Premier Inn Hotel Weißer Hase 3
Das zentral an der Fußgängerzone gelegene Hotel in einem Gebäude aus dem Jahr 1512 bietet 108 Zimmer mit Teppichboden und komfortablem Doppelbett.
Heiliggeistgasse 1 | Tel. (08 52) 98 69 38 98 | www.premierinn.com | €€

In der Ludwigstraße reihen sich Cafés aneinander

Gegenüber dem Art Hotel & Hostel kann man im Eiscafé Rialto entspannen

Hotel Wilder Mann 4

Traditionsreiches Hotel direkt am Rathausplatz. Die Zimmer sind mit antikem Mobiliar ausgestattet. Man kann auch in einer der historischen Suiten nächtigen, zum Beispiel im Sisi-Zimmer. Im Gebäude befindet sich auch das Glasmuseum.

Schrottgasse 2 | Tel. (08 51) 3 50 71 | www.wilder-mann.com | €€

Art Hotel & Hostel 5

Kleines Hotel in einem denkmalgeschützten Gebäude mitten in der Altstadt. Die Zimmer sind schick und hell eingerichtet. Je nach gewünschtem Komfort und Geldbeutel kann man aus verschiedenen Zimmerkategorien wählen. Zimmer teils ohne eigenes Bad bzw. mit Bad auf dem Gang. Aus Denkmalschutzgründen ist kein Aufzug vorhanden. Wer mag, bucht ein Frühstück im gegenüberliegenden *Café Simon* (▸ Seite 73) dazu.

Rindermarkt 9 | Tel. (08 51) 85 17 85 82 | www.arthotel-passau.de | €

Das Hornsteiner 6

Individuell eingerichtete Zimmer im renovierten Altstadthaus nahe dem Dom. Zur Pension gehört das gleichnamige Café, wo es morgens Frühstück gibt.

Steinweg 14 | Tel. (08 51) 96 64 89 78 | www.das-hornsteiner.de | €€

Pension Vicus 7

Die Frühstückspension liegt in der Innstadt, circa 20 Minuten Fußweg vom Zentrum entfernt.

Johann-Bergler-Straße 2 | Tel. (08 51) 93 10 50 | www.pension-vicus.de | €

Passau mittendrin 8

Sehr geschmackvoll eingerichtete, komfortable Ferienwohnung mitten in der Passauer Altstadt. Im Schlafzimmer steht ein großes Doppelbett, im Wohnzimmer gibt es zusätzlich zwei Schlafsofas. Kostenlose Privatparkplätze stehen zur Verfügung.

Steinweg 16a | Tel. (01 57) 84 44 51 59 | www.passau-mittendrin.de | €€

Christophorusbild in der Pfaffengasse

Holzhaus im Grünen B&B 9

Mitten in der Natur und doch nur zehn Gehminuten von der Altstadt entfernt. Das Holzhaus verfügt über zwei helle Zimmer und ein Gemeinschaftsbad.

Halser Straße 27a | Tel. (08 51) 9 44 15 94 | www.holzhaus-im-gruenen.de | €

Jugendherberge Passau 10

Die Herberge befindet sich innerhalb der Burganlage der Veste Oberhaus und bietet 129 Betten in 26 Zimmern.

Oberhaus 125 | Tel. (08 51) 49 37 80 | €

Camping Passau 11

Idyllisch direkt am grünen Ufer der Ilz gelegen. Die Altstadt ist 15 Gehminuten entfernt. Bei Campingbussen ist Voranmeldung gewünscht. Nicht für Wohnwagen und -mobile geeignet.

Halser Straße 34 | 94034 Passau | Tel. (08 51) 4 14 57 | www.camping-passau.de | €

Von Suppe bis Torte

Gasthof Goldenes Schiff 1

Ausgezeichnete bodenständige Gerichte, sehr viele in Bio-Qualität. Überwiegend bayrisch mit wechselnden Tagesgerichten. Leckere Auswahl auch für Vegetarier. Schöne Gaststube und Garten. Unbedingt probieren: den Bio-Schweinebraten.

Unterer Sand 8 | Tel. (08 51) 3 44 07 | www.goldenesschiff.de | Tgl. 11–24, So bis 16 Uhr

Löwen.Brauhaus.Passau 2

Im historischen Ratskeller und auf dem Rathausplatz werden den Gästen vor einer tollen Kulisse köstliche bayerische Spezialitäten von Rahmschwammerln bis zu Bierripperln kredenzt. Dazu gibt es Bier der *Löwenbrauerei Passau.*

Rathausplatz 2 | Tel. (08 51) 37 93 90 50 | www.loewen-brauhaus.de | Apr.–Okt. tgl. 11–23 Uhr, Nov.–März eingeschränkt

Altes Bräuhaus 3

Alteingesessenes Wirtshaus direkt an der Hängebrücke. Hier sitzen Einheimische gemütlich zusammen und genießen die leckere bayerische Küche. Auf der Speisekarte stehen bodenständige Gerichte wie Käsespätzle, Cordon Bleu und Brotzeitplatten. Freundlicher Service.

Bräugasse 5 | Tel. (08 51) 4 90 52 52 | www.altes-braeuhaus.de | Tgl. 11–1 Uhr

Venti Tre 4

Das Gewölberestaurant mit italienischer Speisekarte ist vor allem bei Studenten sehr beliebt. Die Pizzen sind genauso lecker wie die sehr großen Pastagerichte. Im Sommer kann man schön im Innenhof sitzen.

Schmiedgasse 23 | Tel. (08 51) 4 90 52 83 | www.venti-tre.de | Tgl. 18–1 Uhr

Culinarium 5

Die wohl erste Adresse in Passau: schickes, gehobenes und dennoch gemütlich-lockeres Restaurant mit hervorragender Küche, die durch teils orientalisch angehauchte Kreationen auf ganzer Linie überzeugt. Auch der Service ist sehr freundlich und aufmerksam. In der Innstadt. Von der Terrasse am Inn hat man einen grandiosen Blick auf die Altstadt und den Dom.

Lederergasse 16 | Tel. (08 51) 98 90 82 70 | www.culinarium-passau.de | Di–Sa 17–23 Uhr

Chandni 6

Köstliche indische Gerichte, die nie enttäuschen. Ein Highlight ist der Tawa Fisch. Das Restaurant ist nicht besonders groß, deshalb unbedingt reservieren.

Michaeligasse 4 | Tel. (08 51) 26 69 | www.chandni-online.de | Di–So ab 17 Uhr

Il localino 7

Kleine Trattoria mit viel Charme. Die Nudelgerichte sind durchweg köstlich – und die Pizza mit Meeresfrüchten ein Traum. Netter Service.

Rosengasse 4 | Tel. (08 51) 96 66 53 53 | Do–Mo 11.30–14.30 und 17.30–22 Uhr

In der Grabengasse lockt der Gasthof Goldenes Schiff mit bayerischen Schmankerln

Frau Dunschn 8

Im ruhigen Innenhof gibt es einen kleinen Imbiss mit leckeren veganen Gerichten. Auch übernachten kann man hier: Das Hostel bietet sehr schöne und saubere Zimmer. Der Eingang befindet sich zwischen der *Buchhandlung Rupprecht* und der *Egger-Apotheke* in der Fußgängerzone.
Ludwigstraße 18 | Tel. (08 51) 98 85 39 70 | www.fraudunschn.de | Mo–Fr 12–15 Uhr

via Tipp **Café AMSL** 9

Hier gibt es die besten Kuchen der Stadt. Unbedingt den Apfel-Schmand-Kuchen probieren. Daneben werden viele Brotvariationen angeboten. Im Garten vor der Stadtvilla lässt es sich im Sommer gut sitzen. Einziges Manko: Selbstbedienung. Gegenüber vom Klostergarten.
Dr.-Hans-Kapfinger-Straße 22 | Tel. (08 51) 8 51 93 08 | www.amsl-villabergeat.de | Mo–Sa 9–18.30, So/Fei 10–18 Uhr

Schöffberger 10

Café mit Retro-Charme: Im Schaufenster des ehemaligen Schuhgeschäfts sitzen, die Passanten in der schmalen Seitengasse beobachten und bei leckeren Speisen und Getränken das Flair der 1960er-Jahre genießen.
Luragogasse 3 | Tel. (08 51) 9 88 51 65 | Mo–Sa 9–22, So 9–21 Uhr

Café Anton 11

Charmant eingerichtetes Café mit Wiener Touch nicht weit vom Domplatz entfernt. Ein wahrer Klassiker ist der leckere Apfelstrudel. Im Sommer sind die Plätze im gemütlichen Innenhof heiß begehrt.
Luragogasse 1 | Tel. (08 51) 9 88 51 65 | www.cafe-anton.de | So–Mi 9–21, Do–Sa 9–23 Uhr

Café Diwan 12

Die Aussicht vom *Café Diwan* im obersten Stockwerk des Stadtturms

Das Alte Bräuhaus direkt an der Hängebrücke ist stets einen Besuch wert

Im hippen Café Schöffberger fühlt man sich in die 1960er-Jahre zurückversetzt

ist unschlagbar: Von der Veste Oberhaus bis zum Stephansdom hat man hier alle bedeutenden Passauer Bauwerke gut im Blick. Neben einer großen Auswahl an Kuchen und Torten gibt es auch Frühstück und wechselnde Mittagsgerichte.
Nibelungenplatz 1 |
Tel. (08 51) 4 90 32 80 |
www.greindl-passau.de |
Mo–Sa 9–19, So/Fei 13–18 Uhr

Confiserie & Café Simon 13

Traditionsreiches Café mit köstlichen Kuchen und Torten. Daneben gibt es dort hauseigene Pralinen – auch in Form von Passauer Goldhauben (▶ Seite 168) –, Schokoladen und Liköre. Himmlischen Genuss versprechen etwa die Linzer und die Sachertorte. Toller Service.
Am Rindermarkt 10 |
Tel. (08 51) 3 83 88 50 |
www.simon-passau.de |
Mo–Sa 8–18, So/Fei 9.30–18 Uhr

Café Minoo 14

Stilvoll eingerichtetes Café am Residenzplatz. Mit dem persischen Frühstücksbrot oder einer Fit Bowl lässt es sich traumhaft köstlich in den Tag starten.
Große Messergasse 2 | Tel. (08 51) 96 66 57 88 | www.cafe-minoo.de |
Mi–Sa 9–18, So 10–18 Uhr

Eiscafé Rialto 15

Direkt am Rindermarkt sitzend, kann man bei einem leckeren Eisbecher wunderbar Leute beobachten. Das ist Dolce Vita!
Rindermarkt 16 | Tel. (08 51) 27 71 |
Tgl. 10–21 Uhr

Gelateria Fontanella 16

Dieses Eiscafé sticht sofort ins Auge, sobald man die Fußgängerzone betritt. Hier ist immer viel los, denn die Eissorten sind einfach köstlich.
Ludwigstraße 20 | Tel. (08 51) 23 57 |
www.fontanella.eu |
März–Okt. tgl. 9.30–18 Uhr

Beliebter Zeitvertreib: Eisessen bei Sonnenschein am zentralen Ludwigsplatz

Strawanzer 17

Moderne bayrische Bar am Rindermarkt. Neben kühlem Augustiner vom Fass und feinen Longdrinks und Cocktails gibt's im *Strawanzer* auch eine kleine Auswahl an bayrischen Schmankerln wie Obazda und Leberkäse. Natürlich fehlen auch Brezen nicht.

Rindermarkt 9 | Tel. (08 51) 96 69 88 08 | www.strawanzerpassau.de | Mo/Di/Do/Fr ab 15 Uhr, Sa/So ab 10 Uhr

Farmstead 18

Modernes und gesundes Mittagessen in Passaus neuer Mitte: zum Beispiel Bowl Casper mit Grünem Couscous, Rote Beete-Hummus, Curry-Blumenkohl in Minz-Joghurt-Dressing. Oder Salat Vreni mit Granatapfelkernen und veganen Frühlingsrollen. Auch Kaffee und leckere Kuchen von einem regionalen Biobäcker. Bestellt wird entweder direkt an der Theke oder – supermodern – per Smartphone vom Tisch aus.

Nibelungenplatz 2 | Tel. (08 51) 85 18 92 40 | www.farmstead.de | Mo–Do 10–17, Fr 8–17 Uhr

Das Oberhaus 19

Das Restaurant auf der Veste Oberhaus – mit Panoramablick auf die Altstadt aus großen Fenstern oder von der Terrasse aus. Auch die Küche mit ihren modernen bayrischen Gerichten lohnt den Besuch.

Oberhaus 1 | Tel. (08 51) 37 93 06 57 | www.dasoberhaus.com | Tgl. 11–23 Uhr

Café Unterhaus 20

Mischung aus Café, Bar, Kneipe, Speiselokal und Galerie. Kleine Speisekarte mit frisch gekochten Gerichten mit einem hohen Anteil an biologisch und regional erzeugten Lebensmitteln, z. B. vegane Curry-

wurst und Seitan-Burger. Tolle Terrasse an der Donau mit Blick zum Oberhaus.
Höllgasse 12 | Tel. (08 51) 9 89 04 64 | Mi–Sa 17.30–24 Uhr

Kaffeewerk 21

Leckere Kuchen aus der eigenen Backstube am beschaulichen Kirchenplatz in der Innstadt. Unkompliziert und locker, studentisches Publikum. Innen plüschige Sofas, außen sitzt man toll auf der Terrasse auf dem Kirchenplatz. Bestellt und bezahlt wird an der Theke.
Kirchenplatz 3 | Tel. (08 51) 20 14 | www.kaffeewerk-passau.de | Mo–Sa 10–19, So 13–18 Uhr

Außerhalb

Zum Fliegerbauer (Stelzlhof)

Der Stelzlhof bietet einen schönen Garten in idyllischer Lage und einen geschmackvoll eingerichteten Gastraum. Auf der handgeschriebenen Speisekarte stehen abwechslungsreiche Biogerichte von veganen Kreationen bis zum Rehbraten. Die Portionen sind nicht so groß, wie man es von bayerischen Wirtshäusern gewohnt ist, dafür aber sehr lecker und qualitativ hochwertig.
Stelzlhof 1 | Tel. (08 51) 9 88 34 39 | www.biowirtshaus.de/zum-fliegerbauer | Mo/Do 16–24, Fr/Sa/So/Fei 11–24 Uhr

Café-Restaurant Blaas

Von der Terrasse des Restaurants hat man einen einzigartigen Panoramablick auf die zu Füßen liegende Dreiflüssestadt: Man schaut direkt auf die Ortsspitze und sieht wunderbar, wie Passau als Landzunge zwischen Inn und Donau liegt. Und kulinarisch? Besonders beliebt sind die Palatschinken in allen Variationen von herzhaft bis süß.
Hinding 38 | 4785 Freinberg, Österreich | Tel. (+43 77 13) 81 07 | www.restaurant-blaas.at | Do–So 8.30–24 Uhr (bis 10.30 Uhr Frühstück, ab 11 Uhr warme Küche)

Am Abend

Journey

Erstklassige Cocktails und guter Service in stylisch-modernem Ambiente. Neben Klassikern werden auch ausgefallene Eigenkreationen angeboten.
Schustergasse 1 | Tel. (08 51) 98 90 15 47 | www.journey-passau.de | Tgl. ab 19 Uhr

Zeche 14

Kein durchgestyltes Szenelokal, sondern eine richtige Kneipe, wie sie früher war. Hier kommt Ruhrpott-Fee-

Die Luragogasse mit dem Café Anton

ling auf. Der freundliche Wirt fährt selbst nach Bochum, um von dort Bier zu besorgen. Unbedingt probieren: Das Moritz Fiege Bernstein Bier.
Löwengrube 14 | Tel. (08 51) 9 33 20 |
www.zeche14-passau.de |
So–Do 19–1, Fr/Sa 19–2 Uhr,
im Sommer So–Do ab 20 Uhr

Shamrock
Gemütlicher irischer Pub mit allem, was dazu gehört: Guinness, Dart, Karaoke und Fußballübertragungen.
Roßtränke 5 | Tel. (08 51) 9 34 60 93 |
www.shamrock-passau.de |
So–Do 19–1, Fr/Sa 19–2, bei Bundesligaspielen Sa/So schon ab 15 Uhr

Camera
Alteingesessene Disko im ehemaligen Luftschutzkeller. Hier feiert ein bunt gemischtes Publikum zu unterschiedlicher Musik – je nach Motto des Abends.
Am Ludwigsplatz | Tel. (08 51) 3 42 30 |
www.camera-passau.de | Do–Sa ab 22 Uhr

Mischerei – die Cocktailbar
Bar zum Verweilen, klassische Drinks, gute Bedienung und eine entspannte Atmosphäre. Große Auswahl an frisch gemixten Cocktails.
Theresienstraße 24 | Di–Sa ab 19 Uhr

Kunst & Kultur

Café Museum
Tolle Jazzveranstaltungen im Gewölbekeller, zum Teil mit namhaften Musikern. Im Sommer kann man auch toll vom Russenkai (Donauufer) zuhören.
Bräugasse 17 | Tel. (08 51) 21 24 64 10 |
www.cafe-museum.de

Kulturmodell Bräugasse
In den hellen und freundlichen Räumen des ehemaligen Brauereigebäudes finden wechselnde Ausstellungen unterschiedlicher Künstler statt.
Bräugasse 9 | Tel. (08 51) 37 93 40 34 |
www.kulturmodell.de

Street Food Markt: eines von vielen abwechslungsreichen Events im Klostergarten

Das Museum Moderner Kunst lockt mit sehenswerten Kunstwerken aus der Region

Produzentengalerie Passau
Eine der wichtigsten Institutionen des Passauer Kunstbetriebs, bestehend aus einer Künstlergruppe, die den internationalen Austausch pflegt und zahlreiche wechselnde Ausstellungen auf die Beine stellt.
Ecke Bräugasse/Jesuitengasse 9 |
Tel. (0 85 02) 82 50 |
www.produzentengalerie-passau.de |
Do–So 15–17 Uhr

Kunstverein Passau e. V. – Ausstellungsraum Sankt-Anna-Kapelle
In den Gemäuern der profanierten Sankt-Anna-Kapelle organisiert der Kunstverein Passau circa zehn Ausstellungen im Jahr. Der Fokus liegt auf regionalen Künstlern.
Heiliggeistgasse 4 |
Tel. (08 51) 9 66 46 66 |
www.kunstverein-passau.de |
Di–So 13–18

Orgelkonzerte
Ein Muss in Passau. Der Dom ist meist bis auf den letzten Platz besetzt, wenn die größte Domorgel der Welt ertönt und Orgelmusik verschiedener Jahrhunderte erklingt.
Mittagskonzert um 12 Uhr: Mai–Okt. Mo–Sa, im Advent Mi/Sa, 27.–31. Dez. |
Dauer 30 Minuten | 4€, erm. 2€
Abendkonzerte um 19.30 Uhr: Mai–Okt. jeden Do (außer Feiertage) |
Dauer ca. 1 Std. | 10€, erm. 5€
Eintrittskarten (begrenzte Platzkapazität) ab 10 Uhr für Mittagskonzerte bzw. ab 18.30 Uhr für Abendkonzerte ausschließlich im Dominnenhof

Cineplex Passau
Das größte Kino in Passau befindet sich direkt neben dem Zentralen Omnibusbahnhof und zeigt hauptsächlich Blockbuster.
Nibelungenplatz 5a |
Tel. (08 51) 9 88 35 50 | www.cineplex.de

Theresienstraße mit Kirche St. Matthäus

Stadttheater Passau
Das bezaubernde frühklassizistische Theater im Fürstbischöflichen Opernhaus in Passau gehört zum Landestheater Niederbayern und dient für Schauspiel, Opern, Operetten, Konzerte und Musicals.
Gottfried-Schäffer-Straße 2+4 | Tel. (08 51) 9 29 19 13 | www.landestheater-niederbayern.de | Theaterkasse Di/Do/Fr 10–13 und 16–17.30, Mi 10–13 Uhr

Scharfrichterhaus
Renommierte Kleinkunst- und Musikbühne mit zahlreichen Kabarettveranstaltungen. Der Nachwuchspreis *ScharfrichterBeil* wird jährlich verliehen.
Milchgasse 2 | Tel. (08 51) 3 59 00 | www.scharfrichterhaus.de | Kartenvorverkauf Mo–Fr 10–15 Uhr, Abendkasse 19, Vorstellungsbeginn 20 Uhr

Filmtheater Metropolis
Traditionshaus mit Vintage-Charme. Hier werden meist Filme gezeigt, die sich etwas vom Mainstream abheben. Zum Teil werden sie in der Originalsprache vorgeführt.
Dr.-Hans-Kapfinger-Straße 11 | Tel. (08 51) 75 28 15 | www.cineplex.de

Kaufen & stöbern

Aus dem Hinterland
Feines und Gutes aus besonderen, inhabergeführten Manufakturen. Vom manuellen Apfelschäler über geröstete Bio-Kürbiskerne bis zu Fräulein Brösels Erdbeergeist – ein buntes, edles Sortiment, das als nachhaltig gelten kann.
Grabengasse 10 | Tel. (08 51) 96 62 33 44 | www.aus-dem-hinterland.de | Mo–Sa 10–18 Uhr

Gewürz Depot
Kleiner Laden mit großer Auswahl an Gewürzen und Gewürzmischungen, Dips und Ölen.
Rindermarkt 7 | Tel. (08 51) 9 88 53 48 | www.gewuerz-depot.de | Mo–Sa 10–18 Uhr

Passauer Wochenmarkt
Lebensmittel wie Obst, Gemüse, Fleisch, Wurst, Käse und Backwaren, außerdem Blumen.
Di/Fr 7–12.30 Uhr, Klostergarten | Sa 7–14 Uhr, Domplatz | Fällt der Markttag auf einen gesetzlichen Feiertag, findet er am vorangehenden Werktag statt

Pralinenwerkstatt Greindl
Hier gibt es eine große Auswahl an leckeren hausgemachten Pralinen, Bruchschokolade und köstlichem Kleingebäck wie Macarons.
Domplatz 2 | Tel. (08 51) 4 90 55 74 | Mo–Fr 9–18, Sa/So 10–18 Uhr

ATL Naturzeit
Origineller Laden mit Holzuhren sowie Schmuck und Lederwaren aus Naturmaterialien wie Marmor, Stein, Perlmutt und Leder.
Steinweg 13 | Tel. (08 51) 75 68 49 00 | www.atl-naturzeit.com | Mo–Fr 10–17, Sa–16 Uhr

mymuesli
Die Produkte von *mymuesli* gibt's zwar inzwischen auch im Supermarkt – aber in Passau haben drei Studenten das Unternehmen gegründet. Shop und kleines Café.
Theresienstraße 5 | Tel. (08 51) 2 30 20 24 | www.mymuesli.com | Mo–Sa 9–18 Uhr

Flohmarkt Innpromenade
Unter den großen Kastanienbäumen direkt am Ufer des Inns gibt es im Sommerhalbjahr zweimal im Monat alles, was das Flohmarktherz begehrt: Raritäten, Antiquitäten, Schönes und Nützliches von Kleidung bis zu Geschirr. Der Markt gilt wegen seiner idyllischen Lage am Flussufer als schönster Flohmarkt Niederbayerns.
Gottfried-Schäffer-Straße (Innpromenade) | www.flohmarkt-passau-innpromenade.de | März–Okt. jeden 2. und 4. Sa im Monat von 8–17 Uhr

Am Rindermarkt zwischen Paulusbogen und Fußgängerzone

Journey's KostBARkeiten
Der kleine Laden zur Bar *Journey* mit Spirituosen, Weinen und Craftbeer sowie Küchenutensilien, Postkarten und vielem mehr.
Schustergasse 1 |
www.journey-passau.de/kostbarkeiten |
Mo–Do 16–18.30, Sa 14.30–18.30 Uhr

passau7 – der Laden zur Post
Schönes Geschäft mit stilvollen Passau-Souvenirs wie hübschen Tassen, Deko-Eiern, Puzzles, Kunstdrucken, Notizbüchern, Taschen, Mäppchen und vielem mehr. Da der Laden auch gleichzeitig Postfiliale ist, kann man Postkarten und anderes gleich von hier verschicken.
Große Messergasse 4 |
Tel. (08 51) 3 62 70 | www.passau7.shop |
Mo–Fr 8–18, Sa 8–16, So/Fei 11– 16 Uhr, Weihnachten, Neujahr und Ostermontag geschlossen

Belebte Cafés in der Ludwigstraße

Tante Emmer
Abfallberge ade: Bei *Tante Emmer* gibt es unverpackte Bioprodukte aus der Region. Hervorragende Qualität, super netter Service und ein schönes Sortiment, das immer wieder ergänzt wird.
Grabengasse 23 | Tel. (08 51) 21 37 64 26 |
www.tante-emmer.com |
Mo–Fr 9.30–18, Sa 9.30–14 Uhr

Biobäckerei Wagner
Hohe (Bio-) Qualität, die man auch schmeckt. Vor allem die Brote sind einfach lecker, etwa das im Holzkörbchen gebackene Walnussbrot. Die Zentrale befindet sich in Ruderting. Im Zentrum Passaus gibt es eine schöne Filiale mit Bio-Café.
Ludwigsplatz 4 |
Tel. (08 51) 9 89 03 07 |
www.biobaeckerei-wagner.de |
Mo–Sa 6–19, So 7–13 Uhr

Kolibri
Fair, nachhaltig, ökologisch und schön: So lassen sich die Produkte dieses besonderen Geschäfts in der Theresienstraße beschreiben, die Naturmode, Schmuck, Bücher und Spielsachen umfassen. Kompetente Beratung und zuvorkommender Service.
Theresienstraße 11 | Tel. (08 51) 3 69 05 |
www.kolibri-passau.de |
Mo–Fr 9.30–18, Sa 9.30–16 Uhr

Aktiv & sportlich

Rent a Bike Passau – Bikeambulanz
Unkomplizierter Verleih von einwandfreien Rädern und E-Bikes in unterschiedlichen Größen.
Bahnhofstraße 29 |
Tel. (08 51) 9 66 25 70 |
www.fahrradverleih-bahnhof-passau.de |
Apr.–Okt. Do–Di/Fei 9–12 und 15–18 Uhr

Schifffahrten

Dreiflüsse-Stadtrundfahrt
Bei der 45-minütigen Rundfahrt auf Donau und Inn kann man die Passauer Altstadt wunderbar vom Wasser aus betrachten.
Tel. (08 51) 92 92 92 | www.donauschifffahrt.eu |
März–Anfang Nov., Adventswochenenden und 26.–31.12. tgl. 11–15 Uhr stündlich ab Liegestelle 11 (am Busparkplatz), Ende Apr.–Anfang Okt. 10–17 Uhr alle 30 Min. ab Liegestelle 7/8 (am Rathausplatz) | 11 €, Kinder 5,50 €, Kinder bis 5 Jahre frei

Erlebnisrundfahrt mit dem Kristallschiff
Zweistündige Schifffahrt auf der Donau nach Obernzell und zurück. Im sogenannten Kristallschiff funkeln gut eine Million Swarovski-Kristalle.
Tel. (08 51) 92 92 92 | www.donauschifffahrt.eu |
Ende März–Ende Okt. tgl. 11.15 und 13.45 Uhr, Ende Apr.–Anfang Okt. auch 10.30/13/15.15 Uhr ab Liegestelle 11 (Dauer 2 Std.) |
17€, Kinder 6–13 Jahre 8,50 €, Kinder bis 5 Jahre frei

Schifffahrt nach Linz
Tel. (08 51) 92 92 92 | www.donauschifffahrt.eu |
Apr.–Anfang Okt. Fr–So 9 Uhr ab Liegestelle 11 (Dauer ca. 5 Std.) |
Einfache Strecke 33 €, Kinder 6–13 Jahre 16,50 €, Kinder bis 5 frei |
Rückfahrt mit Schiff, Bus oder Bahn möglich

Barefoot Schleusentour
Entspannter Ausflug auf einem in Zusammenarbeit mit Till Schweiger designten Schiff. Es geht die Donau abwärts von Passau bis Engelhartszell. Ein Höhepunkt ist die Schleuse bei Jochenstein.
Tel. (08 51) 92 92 92 | www.donauschifffahrt.eu
Ende Apr.–Anfang Okt. tgl. 12.30 ab Liegestelle 11 (Rückkehr 16.30 Uhr) |
24 €, Kinder 6–13 Jahre 12 €, Kinder bis 5 Jahre frei

Fahrradladen-Passau
Hier kann man Räder, E-Bikes, Transportanhänger und Packtaschen unkompliziert leihen. Schneller und netter Kundenservice zu fairem Preis. Zum Laden gehören sechs Fahrradabstellboxen an der Oberen Donaulände (Schlüssel im Laden erhältlich).
Wittgasse 9 | Tel. (08 51) 7 22 26 |
www.fahrradladen-passau.de |
Sommer Mo–Fr 8–18, Sa 8–14 Uhr,
Winter Mo–Fr 10–18, Sa 10–13 Uhr

Fahrradklinik Passau
Sehr netter und kompetenter Verleih von gut gepflegten Rädern, Tandems, E-Bikes und Zubehör. Auch für Reparaturen sehr zu empfehlen. Rücktransport von geliehenen Rädern ab Wien möglich.
Bräugasse 10 | Tel. (08 51) 3 34 11 |
www.fahrradklinik-passau.de |
Mo–Fr 9–12 und 13–18, Sa 9–12 Uhr |
Verleih nach Vereinbarung auch außerhalb der Öffnungszeiten möglich

Passauer Erlebnisbad peb
Badespaß und Wellness garantiert: Das ganze Jahr über lädt das städtische Hallenbad zum Bahnenziehen, Planschen und Rutschen ein. Im Sommer locken zusätzlich die großen Außenbecken und die weitläufige Liegewiese. Auch Saunafreunde kommen ganzjährig auf ihre Kosten.
Messestraße 7 | Tel. (08 51) 56 02 60 |
www.peb.stadtwerke-passau.de |
Hallenbad: tgl. 8–22 Uhr |
Erw. 7 €, Kinder 5 € |
Freibad: Mai/Aug./Sep. tgl. 9–20,
Juni/Juli 9–21 Uhr | Erw. 5,50 €, Kinder 4 €
Saunawelt: Mo–Fr 10–22, Sa 9–22,
So/Fei 9–21 Uhr | 4 Std. 18 €

Babalu Funpark
Die Indoor-Erlebniswelt mit verschiedenen Attraktionen von Trampolinen bis zur Elektrokart-Bahn bietet eine perfekte Schlechtwetteralternative für kleine Passau-Besucher.
Schaldinger Straße 1 | 94036 Passau |
Tel. (08 51) 98 86 87 60 |
www.babalu-funpark.de |
Mo–Fr 14–19, Sa/So/Fei 10–19,
bayerische Schulferien tgl. 10–19 Uhr |
Kinder ab 5 €, Erw. ab 5 €

Dschungelcamp Neuhaus
Das *Dschungelcamp* im von Passau etwa 18 km entfernten Neuhaus am Inn bietet vielfältige Möglichkeiten für Outdoorsportfans wie Kanutouren, Bogenschießen, einen Kletterwald und einen Bootsverleih. Auch Kräuterwanderungen im Auwald und Wandertouren durch den Bayerischen Wald werden angeboten – im Winter auch mit Schneeschuhen.
Auggenthal | 94152 Neuhaus am Inn |
Tel. (0 85 03) 80 10 |
www.dschungelcamp-neuhaus.de |
Kanutouren im Sommerhalbjahr jeden Di, Do und Sa |
Schnupperkurs Bogenschießen jeden Sa

Rund um Passau kann man auch hervorragend wandern – wie hier im Ilztal

Ausflüge in die weitere Umgebung

Linz
Die Landeshauptstadt Oberösterreichs lockt mit zahlreichen Kulturveranstaltungen, Ausstellungen und Museen, etwa dem *Ars Electronica Center* – dem sogenannten „Museum der Zukunft“ direkt an der Donau. Genauso sehenswert: die historische Altstadt mit dem barocken Hauptplatz.
80 km von Passau entfernt | Auto: 1 Std. 20 Min. | Bahn: 1 Std. bis 1 Std. 30 Min.

Asambasilika Altenmarkt (Osterhofen)
Sie gilt als die schönste aller Asamkirchen: die Basilika St. Margaretha in Altenmarkt, einem Ortsteil von Osterhofen. Das Meisterwerk des Barock, geschaffen durch die Brüder Egid Quirin und Cosmas Damian Asam, fasziniert mit seiner reichen, fast schon überladenen Ausstattung.
40 km von Passau entfernt | Auto: 35 Min. | Bahn: 30 Min.

Museum Quintana (Künzing)
Kleines archäologisches Museum in Künzing, das die regionale Besiedlungsgeschichte von der Jungsteinzeit bis zum frühen Mittelalter aufzeigt. Interessant und gut aufbereitet, wechselnde Sonderausstellungen.
30 km von Passau entfernt | Auto: 30 Min.

Keltendorf Gabreta (Freyung-Grafenau)
Mitten im Bayerischen Wald, in der Nähe von Freyung-Grafenau, befindet sich das Keltendorf Gabreta, das unter Anleitung von Archäologen der Universität Passau entstanden ist. Bei Führungen, Mitmachaktionen und Festen bekommt man einen Einblick, wie das Alltagsleben der Kelten vor mehr als zweitausend Jahren ausgesehen haben mag.
40 km von Passau entfernt | Auto: 45 Min.

Nationalparkzentrum Lusen (Neuschönau)
Mitten im Nationalpark Bayerischer Wald befindet sich innerhalb des Nationalparkzentrums Lusen ein weitläufiges **Tierfreigelände** mit großzügigen Gehegen und schön angelegten Wegen. Auf dem Gelände leben circa 40 heimische Vogel- und Säugetierarten wie Wolf, Bär, Luchs, Wildschwein und Kauz. Der Eintritt ist frei.

Direkt neben dem Tierfreigelände befindet sich der Eingang zum **Baumwipfelpfad.** Die Besucher können auf einer Höhe zwischen acht und 25 Metern über dem Waldboden spazieren gehen und auf dem luftigen Lehrpfad Wissenswertes über den Wald erfahren.

Nach 1,3 Kilometern erreicht man den 44 Meter hohen **Baumturm** in Form eines Eies. Von oben hat man einen tollen Ausblick über den Bayerischen Wald. Tiergehege, Turm und Baumwipfelpfad sind barrierefrei.
50 km von Passau entfernt | Auto: 50 Min.

Tour 1: Wanderung zur Ilzschleife

Wer Ruhe in der Natur sucht, ist im wildromantischen Ilztal genau richtig. Höhepunkte der idyllischen Wanderung sind ein Sprung ins kühlende Nass des Stausees Oberilzmühle und die Einkehr im Biergarten des Gasthofs „Zur Triftsperre".

Karte: ▶ Seite 87

Charakteristik: Idyllische Wanderung entlang der Ilz, meist auf Waldpfaden oder schmalen Forstwegen, leicht, nur wenige Anstiege

Start & Ziel: Römerplatz in Passau

Strecke: Passau Römerplatz – Triftsperre – Stausee Oberilzmühle – Triftsperre – Passau Römerplatz

Entfernung: ca. 12 km

Dauer: ca. 3 Stunden

Einkehrtipp: Gasthof *Zur Triftsperre*

Ausgangspunkt ist der Römerplatz in Passau. Von dort geht es über die Hängebrücke sowie die Angerstraße und durch den linken Tunnel. Geradeaus laufend, führt der Weg rechts am Parkhaus vorbei und bis zum Kinderspielplatz Bschüttpark. Dann spaziert man nach rechts über die kleine Brücke und biegt links in die asphaltierte Straße Stromlänge ein, die sich entlang der Ilz erstreckt.

Immer geradeaus, vorbei an der kleinen **Filialkirche St. Achatius,** taucht schließlich eine Brücke auf. Von dort hat man bereits einen guten Blick auf die **Burgruine Hals.** Auf der anderen Seite der Ilz gelangt man über den kleinen **Halser Marktplatz** und die Straße Schmiedberg zum **Unteren Ilzstausee.** Wer den Staudamm passiert und sich dann nach links wendet, kommt nach kurzer Zeit an einer Liegewiese mit kleinem Kiosk vorbei, wo sich im Sommer zahlreiche Menschen sonnen. Dem schmalen Schotterweg folgend, läuft man direkt an tiefgrünen Weihern vorbei, wo unzählige Frösche ein lautes Quak-Konzert veranstalten. Mit etwas Glück kann man im Uferbereich sogar eine Ringel- oder Schlingnatter entdecken.

Wo die Grillen besonders laut zirpen, führt der Weg in den Wald hinein und verläuft weiter auf einem schmalen, mit Wurzeln durchbrochenen Waldweg am Ufer der schwarzen Ilz. Nach circa fünfhundert Metern führt eine beeindruckende Brücke hinüber zum *Gasthof Zur Triftsperre* (▶ Seite 86). Von dort setzt sich die Wanderung unmittelbar links der Ilz fort. Ziel ist der **Stausee Oberilzmühle,** wo eine ruhige Liegewiese zum Entspannen einlädt. Wer Lust hat, kann einen Sprung ins kühle Wasser der Ilz wagen.

Zurück geht es über den Staudamm, vorbei an den *Stauseestuben* und nach einem kurzen Stück auf

Eine lange Holzbrücke führt auf Höhe der Triftsperre über die schwarze Ilz ▶

Am idyllischen Stausee Oberilzmühle kann man gut die Seele baumeln lassen

der Straße nach rechts in den Wald hinein, in Richtung Halser Triftsperre. Ein schmaler Waldweg schlängelt sich nun kontinuierlich bergauf, bis sich hoch oben ein wunderbarer Blick ins Ilztal und auf die Triftsperre bietet. Anschließend leitet der Pfad wieder hinab bis zur Triftsperre, wo sich eine Einkehr im Gasthaus mit schönem Biergarten lohnt.

Um zurück nach Passau zu wandern, passiert man den **Stollen,** der für die Holztrift durch den Berg getrieben worden ist, und wendet sich draußen nach links auf den sogenannten *Stockbauersteig*. Diesem Weg entlang des Flusses folgend, überquert man automatisch eine Brücke. Bei der nächsten geht es wieder hinüber, dann nach rechts und immer geradeaus, bis man sich wieder am Ausgangspunkt in Hals befindet. Von dort gelangt man auf derselben Route zurück nach **Passau.**

Tipp

Gasthof Zur Triftsperre

Hier kann man gut im Anschluss an eine Wanderung durch das Ilztal einkehren. Schöner Biergarten.

Triftsperrstraße 15 | 94034 Passau | Tel. (08 51) 5 11 62 | www.zur-triftsperre.de | Mi–So 11–22 Uhr

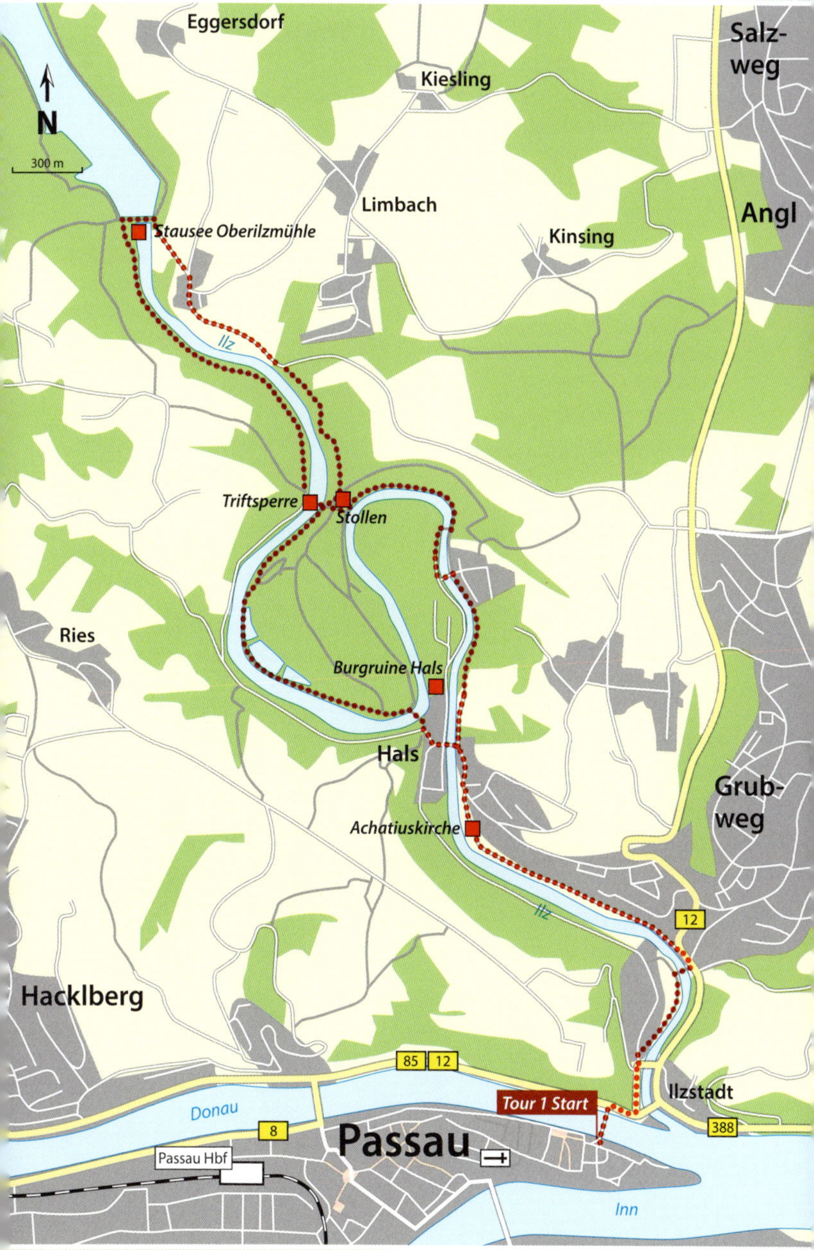
Eggersdorf
Kiesling
Salz-
weg
N
300 m
Limbach
Angl
Stausee Oberilzmühle
Kinsing
Ilz
Triftsperre
Stollen
Ries
Burgruine Hals
Hals
Grub-
weg
Achatiuskirche
Ilz
12
Hacklberg
85
12
Ilzstadt
Tour 1 Start
Donau
8
388
Passau
Passau Hbf
Inn

Tour 2: Wanderung nach Wernstein am Inn

Die entspannte Wanderung entlang des grünen Inns führt von der hübschen Innpromenade über schattige Waldwege auf der linken Uferseite bis zum malerischen Örtchen Wernstein in Österreich. Dort locken urige Mostschänken zur Einkehr.

Karte: ▸ Seite 91

Charakteristik: Wanderung entlang des linken Innufers, größtenteils auf ebenerdigen Forstwegen im Wald

Start: Stadttheater Passau

Ziel: Wernstein am Inn (Zugverbindung nach Passau stündlich, Fahrzeit 17 Min.)

Strecke: Passau – Neuburg am Inn – Wernstein am Inn

Entfernung: ca. 10 km

Dauer: ca. 2,5 Stunden

Einkehrtipp: *Mosthäusl* in Wernstein

Die Wanderung beginnt am Passauer Stadttheater. Von dort steigt man die Stufen seitlich der Marienbrücke hinab und wendet sich unten an der schmalen **Innpromenade** angekommen nach rechts. Nun geht es immer am linken Ufer des grün schimmernden Inns entlang geradeaus. Vor einem spannt sich der eiserne Innsteg romantisch über den breiten Fluss. Im Volksmund wird die Fußgängerbrücke nur als **Fünferlsteg** bezeichnet, da zum Passieren bis 1976 eine Brückenmaut von fünf Pfennigen fällig war.

Zur Rechten erstreckt sich bald der schöne Campus der **Universität Passau,** der am roten Backsteingebäude, der sogenannten Innstegaula, beginnt. Auf der grünen Innwiese daneben treffen sich die Studenten im Sommer gerne zum gemeinsamen Grillen.

Direkt am Wasser verläuft der Weg eben weiter geradeaus. Die Laubbäume, die das Ufer säumen, werden mal lichter, mal dichter, bis man den **Staudamm** des Kraftwerks Passau-Ingling erreicht. Nach einer kurzen Steigung hält man sich rechts und folgt der Innstraße bis zum Passauer **Ruderverein.** Kurz danach führt der Inntalwanderweg geradeaus über einen Parkplatz und in den Wald hinein. Dort lädt ein abwechslungsreicher **Motorikpark** Groß und Klein dazu ein, die eigene Balance und Geschicklichkeit auszutesten.

Von nun an wandert man auf einem breiten Forstweg in unmittelbarer Nähe zum Fluss durch den Wald. Es lohnt sich allerdings, nach gut sechs Kilometern beim Wegweiser **Arboretum** abzubiegen und eine Abkürzung durch den idyllischen Park mit entsprechend gekennzeichneten Bäumen und Sträuchern aus aller Welt zu nehmen, bevor es am Ufer des Inns weitergeht. Kurz vor **Neuburg am Inn** verlässt man den Wald und folgt der asphaltierten

Der futuristische Mariensteg spannt sich bei Wernstein am Inn über den Fluss ▸

Die weiße Mariensäule und die Burg Wernstein bilden ein hübsches Ensemble

Straße Ziehweg, bis der **Mariensteg** vor einem auftaucht.

Die futuristische Fußgängerbrücke wurde 2006 errichtet. Sie unterstreicht nicht nur die deutsch-österreichische Freundschaft der beiden Orte, sondern erleichtert Wanderern und Radfahrern auch das Überqueren des Inns. Von der Brücke aus hat man einen tollen Blick auf die weiß strahlende **Mariensäule,** die **Burg Wernstein** und die einladenden Mostschänken am Inn. Wer dort nach der Wanderung einen kühlen Most und eine deftige Brotzeit genießt, hat eine wunderbare Aussicht auf das **Schloss Neuburg,** das sich am gegenüberliegenden Hang erhebt. Zu empfehlen ist das gemütliche *Mosthäusl* mit leckeren Getränken, Snacks und schattigen Sitzplätzen im Garten (▶ Seite 140).

Wer Lust hat, kann noch die schmucke **Pfarrkirche zum Heiligen Georg** aus dem 15. Jahrhundert mit dem umgebenden Friedhof am Kirchenplatz 1 besichtigen. Beides steht unter Denkmalschutz. Zurück nach Passau geht es mit dem Zug. Der Bahnhof befindet sich nur einen Katzensprung von der Burg Wernstein entfernt. Regionalzug und Regionalexpress im Wechsel verkehren stündlich zum Passauer Hauptbahnhof.

85
12
Donau
Tour 2 Start
Ilzstadt
8
Donau
Passau Hbf
Passau
Fünferlsteg
Innstadt
Campus
Uni Passau
Berg-
keller
Inn
Saming
Ingling
Kraftwerk
Ruderverein
Motorikpark
Achleiten
Goldberg-
Grub
Arboretum
Inn
Dommelstadl
Wernstein
am Inn
Neuburg
am Inn
Schloss
Neuburg
Mariensäule
Burg Wernstein
Wernstein
N
500 m

Bayerische Donau & Klosterwinkel

Die Region Bayerisches Donautal und Klosterwinkel lockt mit malerischen Landschaften, kulturellen Highlights wie dem Kloster Aldersbach und dem artenreichen Naturschutzgebiet Donauleiten.

Westlich von Passau: Klosterwinkel

Das Donautal mit dem angrenzenden Klosterwinkel bezaubert mit einer sanften Fluss- und Hügellandschaft inklusive Flussinsel bei Windorf. Dank gut gekennzeichneter Rad- und Wanderwege wie Donau-, Vilstal- und Wolfachradweg sowie der Pilgerroute Via Nova lässt sich die Region gut zu Fuß und auf dem Sattel erkunden.

Doch auch für Feinschmecker sowie Kunst- und Kulturliebhaber hat die Gegend südlich der Donau einiges zu bieten. So gibt es dort neben fangfrischem Donaufisch auch verschiedene Bierspezialitäten, die auf eine jahrhundertelange Brautradition zurückgehen. Zu den kulturellen Höhepunkten gehören die Kirchen und Klöster, welche unter anderem die berühmten Gebrüder Asam gestaltet haben.

Aldersbach

Die Aldersbacher Asamkirche gilt als eine der schönsten Marienkirchen in Bayern.

Sie gehört zum ehemaligen Kloster Aldersbach, das 1120 von den Augustiner-Chorherren gegründet und 1146 von den Zisterziensern fortgeführt wurde und bedeutenden Einfluss gewann. Besonders eindrucksvoll ist die Klosterbibliothek aus dem Jahr 1760. Sie war damals mit mehr als 40 000 Bänden und Schriften die größte Bibliothek in der Region. Das faszinierende Fresko stammt vom bedeutsamsten Schüler der Gebrüder Asam, Matthäus Günther. Im Innenraum der Marienkirche, einem der wichtigsten spätbarocken Bauwerke in Süddeutschland, haben die Brüder Asam, nämlich der Stuckateur Egid Quirin Asam und der Maler Cosmas Damian Asam, selbst Hand angelegt. Das Ergebnis war eine prachtvolle Rokoko-Ausstattung mit einem reich verzierten Hochaltar, gewundenen Säulen, goldenen Figuren und einem imposanten Deckenfresko, das die Weihnachtsgeschichte darstellt. Die Schwalbe im Gemälde zu finden, ist für jeden Besucher Pflicht. Ein weiteres Muss ist ein Besuch des Bräustüberls der Brauerei Aldersbach, die in engem Zusammenhang mit dem Kloster steht.

Ein Tochterkloster des Klosters Aldersbach befand sich in Fürstenzell. Heute kann man dort noch die bezaubernde Zisterzienserklosterkirche besichtigen, die zwischen 1693 und 1745 von Johann Michael Fischer erbaut wurde. Das ehemalige Klostergebäude ist leider nicht öffentlich zugänglich.

Führung durch Brauerei, Kirche und Kloster

In 90 Minuten lernen Interessierte sowohl die Marienkirche in Aldersbach mit dem ehemaligen Kloster kennen als auch die Brauerei Aldersbach. Im Klosterladen können im Anschluss auch Bierspezialitäten wie *Aldersbacher Ursprung* oder das *1268er Zwicklbier* erworben werden (▸ Seite 168).

◂ *An der Wallfahrtskirche Mariä Himmelfahrt in Sammarei geht es friedlich zu*

Die hübsche Asamkirche in Aldersbach

Freiherr-von-Aretin-Platz 1 | 94501 Aldersbach | Tel. (0 85 43) 96 04 33 | www.aldersbacher.de | Fr und Sa 11.30–17 Uhr

Biohof Hausberg

Der Biobauernhof befindet sich in einem liebevoll renovierten Rottaler Bauernhaus, das unter Denkmalschutz steht. Gäste können in dem edel-rustikalen Doppelzimmer mit eigenem Bad übernachten und die ruhige Umgebung genießen. Auf dem idyllisch gelegenen Hof leben alte Haustierrassen. Zum Frühstück gibt es frische Produkte aus eigener, biologischer Produktion. Die Gastgeber sind überaus nett und zuvorkommend. In Egglham, ca. 9 km von Aldersbach entfernt.

Haag 10 | 84385 Egglham | Tel. (0 85 43) 6 37 00 30 | www.biohof-hausberg.de | €€

Ortenburg & Umgebung

Zwischen Aldersbach und Fürstenzell befindet sich als evangelische Enklave mitten im katholischen Bayern der hübsche Markt Ortenburg.

Es lohnt sich, dem zentralen Marktplatz einen Besuch abzustatten. Manch einem mag der Straßenzug mit seinem roten Rathaus bekannt vorkommen – er diente viele Jahre lang als Drehort für die Serie *Forsthaus Falkenau*. Hoch über dem Ort thront das **Schloss Ortenburg**, das ein interessantes Museum beherbergt. Vor seiner Kulisse finden jährlich die Ortenburger Ritterspiele statt. Sehenswert und super für Kinder geeignet sind der weitläufige Wildpark Ortenburg direkt neben dem Schloss sowie der nahegelegene Vogelpark Irgenöd.

Nur vier Kilometer südwestlich von Ortenburg steht die barocke Wallfahrtskirche Mariä Himmelfahrt in **Sammarei.** Sie gehört zu den wichtigsten Marien-Wallfahrtsorten in Süddeutschland, was rund 1 300 angebrachte Votivtafeln bezeugen. Das Besondere: Die hellgelbe Barockkirche mit Zwiebelturm wurde über einer hölzernen Feldkapelle errichtet, die 1619 beim Brand eines Bauernhofes unversehrt geblieben war. Die sogenannte Gnadenkapelle befindet sich im Inneren der Kirche, direkt hinter dem eindrucksvollen Hochaltar.

Knapp sechs Kilometer weiter befindet sich eine weitere Wallfahrtskirche: **Grongörgen.** Die hübsche Kirche mit ihrem Zwiebeldach, erbaut von 1460 bis 1472, ist Papst Gregor dem Großen geweiht und gilt als Glanzstück der Spätgotik. Alljährliches Spektakel am letzten Sonntag im Oktober ist das **Leonhardifest** mit einem eindrucksvollen Pferdeumritt zu Ehren des Viehpatrons. Zu diesem festlichen Anlass tragen die Teilnehmer der Prozession ihre regionaltypische Tracht, zu welcher bei den Frauen auch die Goldhaube (▶ Seite 13) gehört.

Schlossmuseum Ortenburg

Das Highlight der Besichtigung stellt die Renaissance-Holzdecke in der Schlosskapelle dar. Daneben sind der Renaissance-Innenhof und der Rittersaal sehenswert. In den anderen Räumen sind Bauernmöbel und alte Handwerksgeräte ausgestellt.

Vorderschloss 1 | 94496 Ortenburg | Tel. (0 85 42) 8 98 40 60 | www.schloss-ortenburg.de | Apr.–Okt. Di/Fr/Sa/So 10–13 u. 14–17 Uhr

via Tipp Wildpark Schloss Ortenburg

Aus der einstigen Gartenanlage des Schlosses Ortenburg ist ein weitläufiges Wildgehege geworden, in dem zutrauliche Damhirsche frei herumspazieren. Daneben kann man unter anderem Ziegen, Hängebauchschweine, Mufflons und Luchse bestaunen.

Vorderschloss 3 1/2 | Tel. (0 85 42) 71 71 | www.wildpark-ortenburg.de | Apr.–Nov. tgl. 9–18 Uhr | Erw. 7 €, Kinder 4 €

Das rote Rathaus in Ortenburg ist durch die Serie „Forsthaus Falkenau" bekannt

Tier- und Vogelpark Irgenöd

Weitläufiger Vogelpark, der neben unzähligen Vogelarten wie Flamingos, Papageien, Storchen und Pfauen auch Säugetiere wie Zebras und Erdmännchen beherbergt. Für Kinder ein wahres Highlight – und auch den Erwachsenen wird bestimmt nicht langweilig.

Irgenöd 3 | Tel. (0 85 42) 71 30 |
www.vogelpark-irgenoed.de |
Apr.–Nov. tgl. 9–18 Uhr |
Erw. 7 €, Kinder 4 €

Schlosskeller Ortenburg

Von der sonnigen Aussichtsterrasse unweit des Ortenburger Schlosses hat man einen tollen Blick über das Wolfachtal. Das freundliche Personal serviert dazu leckere, frisch zubereitete Speisen wie Schnitzel- und Wildgerichte.

Vorderschloß 1 |
Tel. (0 85 42) 53 29 70 |
www.schlosskeller-ortenburg.de |
Im Sommer Di–So 10–24 Uhr

Vilshofen an der Donau

Immer einen Besuch wert ist die hübsche Kleinstadt Vilshofen an der Donau.

Mit circa 16 000 Einwohnern ist Vilshofen die größte Stadt im Landkreis Passau. Sie wird oftmals als „die kleine Dreiflüssestadt" bezeichnet, da dort Vils, Wolfach und Donau zusammenfließen. Am Ende des zentralen Stadtplatzes mit seinen bunten Fassaden im Stil der Inn-Salzach-Bauweise erhebt sich der Stadtturm, das Wahrzeichen von Vilshofen. Im Inneren befindet sich die Stadtgalerie mit Ausstellungen zeitgenössischer Künstler. Am anderen Ende des Stadtplatzes steht die Pfarrkirche St. Johannes der Täufer (14. Jahrhundert), deren spitzer Kirchturm schon von Weitem zu sehen ist. Die Innenausstattung stammt aus säkularisierten Nachbarklöstern und -kirchen. Über der Stadt Vilshofen erhebt sich die **Bene-**

Im Schlossmuseum Ortenburg kann man durch historische Gemächer wandeln

Der Stadtturm am Ende des Stadtplatzes ist das Wahrzeichen von Vilshofen

diktinerabtei Schweiklberg. Sie beherbergt ein Afrikamuseum, das Waffen, Schmuck und Kultobjekte vorwiegend aus dem Süden und Osten des afrikanischen Kontinents zeigt. Die Benediktiner haben diese Gegenstände von ihrer Missionstätigkeit mitgebracht.

Afrikamuseum

Die Ausstellung in der Benediktinerabtei zeigt wertvolle Exponate aus Tansania und Westafrika wie Figuren, Trommeln und Masken.

Schweiklberg 1 |
94474 Vilshofen an der Donau |
www.vilshofen.de | Tgl. 13–17 Uhr

Landgasthof Moser

Der 3-Sterne-Landgasthof ist familiengeführt, liegt direkt am Donauradweg und lädt Radfahrer zur Rast im Biergarten ein. Von den hochwertigen, hübsch eingerichteten Zimmern aus hat man einen tollen Blick auf die Donau. Neben einer Sauna und Infrarotkabine können Gäste im Sommer auch den solarbeheizten Außenpool im Garten nutzen. In Windorf, ca. 4 Kilometer von Vilshofen enfernt, am anderen Donauufer.

Marktplatz 40 | 94575 Windorf |
Tel. (0 85 41) 82 75 |
www.landgasthof-moser.de | €€

Landhof Eineder

Im schönen und gemütlichen Biergarten wird gutbürgerliche Küche serviert. In Schönerting, ca. 8 Kilometer südwestlich von Vilshofen.

Schönerting 42 |
94474 Vilshofen a. d. Donau |
Tel. (0 85 43) 13 23 |
www.landhof-eineder.de |

Hinkommen

RE stündlich von Passau Hbf.

Tour 3: Wanderung durch das Vils-Engtal

Die entspannte Rundwanderung durch das Naturschutzgebiet Vils-Engtal führt die meiste Zeit am bewaldeten Ufer des Flusses entlang. Höhepunkte sind der romantische Taferlsee und der Alpakahof in Schönerting.

Karte: ▸ Seite 101

Charakteristik: Flacher, familientauglicher Weg entlang des Flusses

Start & Ziel: Vilshofen an der Donau

Strecke: Vilshofen an der Donau – Schönerting – Vilshofen an der Donau

Entfernung: ca. 16 km

Dauer: ca. 4 Stunden

Einkehrtipp: *Landhof Eineder* in Schönerting

Vom Bahnhof in **Vilshofen an der Donau** aus folgt man der Bahnhofstraße in nördlicher Richtung und biegt dann nach links in die Passauer Straße. Nach einer Kurve geht es nach rechts in die Furtgasse. Diese führt unter der Eisenbahnbrücke hindurch auf einen schmalen Weg entlang der Vils. Bei der Weggabelung halten wir uns rechts und schlendern durch die gemütliche Schrebergartenanlage, vorbei an den Plätzen des Tennisclubs und bis zum **Vilshofener Schwimmbad.**

Dort wendet man sich bei der zweiten Möglichkeit (die erste Abzweigung führt nur um das Hallenbad herum) nach rechts und spaziert auf einem stetig leicht ansteigenden Schotterweg weiter. Rechter Hand fällt der Hang steil zur Vils hin ab. Auf der anderen Seite befinden sich große Häuser mit schönen Gärten. Nach einer Linksbiegung läuft der Weg auf die Straße Luitpoldinger-Ring zu. Wir machen jedoch eine 180-Grad-Wendung und bleiben so auf dem schmalen Fußweg, der sich weiter am Wald entlangzieht und nun abschüssig verläuft, bis wir eine asphaltierte Straße namens Schlehberg erreichen. Links von ihr reihen sich Häuser auf, rechts breitet sich eine große Wiese aus, hinter der die Vils zu erahnen ist. Wir folgen der Straße bis zum städtischen **Vilskraftwerk.**

Von hier aus verläuft der Waldweg beständig ebenerdig am Vilsufer entlang. Von der Mitte des 19. Jahrhunderts bis zum Zweiten Weltkrieg wurde in der Region Granitabbau betrieben. Die Spuren lassen sich ebenso entdecken wie die Reste der Bahnstrecke für die Schmalspurbahn zwischen Vilshofen und Aidenbach, die auch für den Granitabbau genutzt wurde. Zahlreiche Informationstafeln des **Themenweges Historischer Granitabbau Vils-Engtal** vermitteln außerdem Wissenswertes darüber, welche Bedeutung der Granitabbau für die regionale Wirtschaft hatte und wie sich das Gebiet im Laufe der Zeit zum Naturschutzgebiet mit seltenen Tier- und Pflanzenarten entwickelt hat.

Im bunten Herbstgewand ist das Vils-Engtal besonders hübsch anzusehen ▸

Ein besonders eindrucksvolles Zeugnis des Granitabbaus ist der **Taferlsee.** Man erreicht ihn, indem man dem gleichnamigen Wegweiser unter dem Bahndamm hindurch folgt. Der See entstand aus dem Kahlhammer-Bruch, der sich mit Wasser füllte. Heute verkörpert er ein romantisches Naturidyll in ruhiger Umgebung.

Zurück auf der Route gelangen wir nach ein paar hundert Metern zur Mattenhamer Straße. Dort wenden wir uns nach rechts und biegen dann wieder nach links ab, um dem Weg durch die renaturierte Auenlandschaft „Lebendige Vils" zu folgen. Obwohl wir vor dem **Aussichtsturm** (Piske-Turm) rechts abbiegen wollen, um weiterhin in unmittelbarer Nähe zur Vils zu wandern, lohnt sich ein kurzer Abstecher dorthin. Der Turm, der seinen Namen dem Engagement des früheren Bürgermeisters Siegfried Piske zu verdanken hat, ist jederzeit frei zugänglich. Von oben hat man einen tollen Blick auf die Vilsauenlandschaft, das Vilsengtal und die nähere Umgebung.

Sobald wir nach dem Durchwandern der Auenlandschaft wieder auf eine Straße stoßen, biegen wir rechts ab, überqueren die Vils und laufen nach links ins Zentrum des Örtchens **Schönerting,** wo man wunderbar im *Landhof Eineder* (▶ Seite 97) einkehren kann. Danach sollte man unbedingt noch dem **Alpakahof** einen Besuch abstatten, die knuffigen Tiere bewundern und im Hofladen stöbern.

Zurück in Richtung Ausgangsort wandern wir am linken Ufer der Vils, vorbei am **Wasserkraftwerk Grafenmühl** sowie an der hübschen **Taferlkapelle** – eine von mehreren kleinen Kapellen entlang des Rundweges – bis nach Vilshofen.

Die knuffigen Alpakas auf dem Alpakahof Schönerting begeistern nicht nur Kinder

Tour 3 Start
8
Vilshofen (Niederbay)
Zeitlarn
Kuffing
Vilshofen an der Donau
Lindach
Vilskraftwerk
Mühlham
Hitzling
Algerting
Wasserkraftwerk Grafenmühl
Taferlsee
Liessing
Pleckental
Taferlkapelle
Mattenham
Piske-Turm
Aunkirchen
Alkofen
Kapping
Schönerting
Alpakahof
N
5000 m

Tour 4: Radtour von Vilshofen nach Passau

Die abwechslungsreiche Radtour verbindet landschaftliche Idylle mit tollen Sehenswürdigkeiten wie dem hübschen Markt Ortenburg mit Schloss und Wildpark sowie dem Vogelpark Irgenöd. Im Hügelland zwischen Ortenburg und der Donau muss man teils kräftig in die Pedale treten oder schieben – die Anstrengung wird aber mit herrlichen Aussichten belohnt.

Karte: ▸ Seite 105

Charakteristik: Neu gebauter Radweg, wenig befahrene Straßen, geschotterter Fahrradweg, der mittlere Streckenabschnitt ist geprägt von steilem Anstieg, sonst sehr flach

Start: Vilshofen an der Donau (Zugverbindung von Passau stündlich, Fahrzeit 14 Min.)

Ziel: Passau

Strecke: Vilshofen an der Donau – Zeitlarn – Knadlarn – Maierhof – Söldenau – Ortenburg – Irgenöd – Galla – Untervoglarn – Sandbach – Passau

Entfernung: ca. 40 km

Dauer: ca. 4 Stunden

Einkehrtipp: *Schlosskeller* in Ortenburg

Der Ausflug startet am Bahnhof in **Vilshofen an der Donau.** Über die Passauer Straße und die Straße Vilsvorstadt gelangt man zur Ortenburger Straße, der man bis zum Beginn des ausgeschilderten **Wolfach-Radweges** folgt. Zunächst verläuft die Route entlang der Zeitlarner Straße, um dann im gleichnamigen Ort nach rechts abzubiegen und über die Alte Dorfstraße zu den saftig grünen Auen der Wolfach zu leiten.

Der schmale, dunkelfarbige Bach schlängelt sich hier durch die Landschaft – und der Radweg tut es ihm auf dem kommenden Abschnitt gleich. In unmittelbarer Nähe zur Wolfach sowie zur alten Bahntrasse geht es ebenerdig auf dem neu gebauten und fast durchgehend geteerten Radweg weiter.

Bei **Knadlarn** überqueren wir den Bach, radeln ein kurzes Stück die Straße entlang, vorbei an einem auffälligen Geschäft für Buddhafiguren, und wechseln sogleich wieder auf den Fahrradweg, der uns nun an einem großen Steinbruch vorbeiführt. Im Anschluss läuft die Tour direkt auf die Straße Klosterberg zu. Wer hier rechts abbiegt, kann einen Blick auf das **Benediktinerinnenkloster Neustift** werfen.

Zurück auf der Route führt die Strecke erst links, dann rechts der Bahngleise flach entlang bis nach **Maierhof.** Auf der Fahrt über **Söldenau** bis nach **Ortenburg** (▸ Seite 94) lassen sich die Wiesen und Felder, durch die sich die Wolfach schlängelt, nochmals herrlich bewundern. Über die Bahnhofstraße erreicht man den malerischen **Marktplatz** von Ortenburg, der auf jeden Fall einen Besuch

Durch das sanfte Tal der Wolfach führen gepflegte Radwege ▸

Nah dran: Im Vogelpark Irgenöd lassen sich Störche auch bei der Brut beobachten

lohnt. Hier lässt sich auch gut eine Rast einlegen, zum Beispiel im italienischen Restaurant *Ponte Vecchio* oder im *Eis Center*.

Wer steile Anstiege lieber vermeiden möchte, kann auf demselben Weg wieder bis nach Vilshofen zurückradeln.

Alle anderen folgen den Wegweisern Richtung Schloss und Wildpark Ortenburg die Passauer Straße und die Lindenallee hinauf, vorbei an der **Pfarrkirche Maria Himmelfahrt.** Nun befinden wir uns auf dem **Klosterwinkelradweg.**

Oben angekommen, geht es nach rechts zum sehenswerten **Schloss Ortenburg** (▶ Seite 94). Hier kann man auch wunderbar im *Schlosskeller* (▶ Seite 96) einkehren und von der Terrasse aus den Blick über das weite Land schweifen lassen. Auch ein Besuch von Schloss und **Wildpark** (▶ Seite 95) ist zu empfehlen.

Um die Radtour fortzusetzen, folgt man der Straße und biegt bei der ersten Möglichkeit links ab, stets auf dem Klosterwinkelradweg bleibend. Dieser bringt uns zum **Vogelpark Irgenöd** (▶ Seite 96), der ebenfalls sehenswert ist. Geradeaus weiter erreichen wir die Gemeinde **Galla,** von dort geht es endlich stetig bergab, über Elexenbach bis nach **Sandbach,** wo uns die **Fähre** auf die linke Donauseite bringt.

Ab hier folgen wir dem **Donauradweg** nach **Passau.** Dieser leitet auf einem schmalen Weg direkt an der schönen Donau entlang. Erst knapp vor der Gaißabrücke verlässt man die idyllische Route und folgt einem (straßenbegleitenden) Radweg entlang der Staatsstraße, die neben der Donau verläuft. Kurz nach dem Kraftwerk Kachlet führt der Donauradweg über den Fluss bis ins Passauer Stadtzentrum.

Vilshofen an der Donau
Tour 4 Start
Vilshofen (Niederbay)
Windorf
Zeitlarn
Lindach
Kloster Neustift
Wolfach
Ortenburg
Söldenau
Schloss & Wildpark Ortenburg
Pfarrkirche Maria Himmelfahrt
Vorderhainberg
Galla
Vogelpark Irgenöd
Gaisbruck
Sandbach
Fähre Sandbach
Jägerwirth
Fürstenzell
Donau
Kirchberg vorm Wald
Schalding links der Donau
A3
8
Tiefenbach
Unterjacking
Patriching
85
Ruderting
Straßkirchen
12
Hals
Hacklberg
Passau Hbf
Passau
Neukirchen am Inn
N
1000 m

Bayerisches Donautal östlich von Passau

Als „Donauperlen“ werden sie liebevoll bezeichnet: die Orte Obernzell, Untergriesbach und Kellberg im malerischen Gebiet zwischen Passau und Jochenstein.

Vor allem besticht in dieser Region aber die Schönheit des Donautals. Der Strom hat hier über die Jahrtausende ein enges Durchbruchstal mit steilen Flanken gegraben. Die linken beziehungsweise nördlichen Donauhänge zwischen Passau und Jochenstein sind als rund 400 Hektar großes *Naturschutzgebiet Donauleiten* geschützt. Die steilen und teils felsigen Talseiten bieten seltenen Tierarten wie der Smaragdeidechse und der Äskulapnatter einen geeigneten Lebensraum. Durch das *Naturschutzgebiet Donauleiten* verläuft auch der 450 Kilometer lange Wanderweg Donausteig auf den Höhenrücken von Passau über Linz bis nach Grein. Beidseitig des Flusses bieten sich von hoch oben schöne Ausblicke auf das Donautal.

Obernzell

Die Marktgemeinde an der Donau lockt mit bunten Häuserfassaden, einer tollen Pfarrkirche und dem Schloss samt Keramikmuseum.

Obernzell verzaubert durch seine fantastische Lage direkt an der Donau

Die bedeutendste Sehenswürdigkeit des Örtchens Obernzell am Ufer der Donau ist das **Schloss.** Die Passauer Fürstbischöfe ließen es im 15. Jahrhundert als Sommerresidenz in Form einer gotischen Wasserburg erbauen und später zu einem Renaissanceschloss umgestalten. Inzwischen gehört es dem Freistaat Bayern und beherbergt eine Zweigstelle des Bayerischen Nationalmuseums mit einer **Keramik-Ausstellung.** Direkt daneben breitet sich der hübsche Schlossgarten aus, der ebenso wie die Donaupromenade zu einem kleinen Spaziergang einlädt. Außerdem lohnt sich ein Besuch der gelb leuchtenden Rokoko-Pfarrkirche **St. Maria Himmelfahrt** sowie des historischen Ortskerns am **Marktplatz** mit seinen farbenfrohen Häuserfassaden.

Kostenlose Stadtführung
Markt, Stadtkirche und Schloss.
Mai–Sep. Fr 10 Uhr | Treffpunkt Schlosshof

Keramikmuseum Schloss Obernzell
Vermittelt einen Überblick über die Geschichte der Keramik und über Herstellungstechniken.
Schloßplatz 1 | 94130 Obernzell |
Tel. (0 85 91) 10 66

Töpferschänke am Schloss
Leckere Kuchen und bayerische Brotzeitteller. Gemütlich.
Jochensteinerstraße 5d |
Tel. (0 85 91) 13 84 |
www.obernzeller-toepferei.de

Hinkommen

Bus 6101 ab Passau Hbf alle 1–2 Std.

Untergriesbach ist umgeben von sanften Hügelketten und viel Grün

Untergriesbach

Im äußersten Süden des Bayerischen Waldes erhebt sich hoch über dem Donautal die gut 6 000 Einwohner zählende Marktgemeinde Untergriesbach.

Sie liegt direkt an der Grenze zu Oberösterreich, welche hier durch die Donau markiert wird. Der **Marktplatz** im Herzen des staatlich anerkannten Erholungsortes erstrahlt seit der Ortskernsanierung in neuem Glanz. Das Marktplatz-Ensemble, bestehend aus der barock ausgestatteten Pfarrkirche St. Michael, dem sechs Meter hohen mittelalterlichen Pranger und dem Nepomuk-Brunnen, steht unter Denkmalschutz. Unweit von Untergriesbach, inmitten einer schönen hügeligen Landschaft, bieten sich zwei Naturhighlights: der **Rannasee** (▶ Seite 162) als idyllisches Badeparadies und der einzigartige **Donaublick am Ebenstein.**

Wer seinen Wissensschatz über das Donautal erweitern möchte, dem sei die spannende Erlebnisausstellung im **Naturerlebniszentrum Haus am Strom** empfohlen. Fakten und Wissenswertes zu Flora und Fauna des Naturraums werden dort spielerisch aufbereitet, sodass sich ein Besuch auch für Kinder gut eignet. Daneben nimmt das Zusammenspiel von Natur und Technik – Stichwort Wasserkraft – eine wichtige Rolle ein.

Da passt es perfekt, dass das **Donaukraftwerk Jochenstein** direkt neben dem Haus am Strom liegt. Es ist das größte Flusskraftwerk in Deutschland. Seine Schleusen sind 240 Meter lang und die fünf Maschinensätze bestehen aus Kaplanturbinen mit Drehstrom-Synchron-Generatoren. Es lohnt sich, die Donau einmal über das Kraftwerk zu überqueren und das immense Bauwerk so auf sich wirken zu lassen. Auf der Mitte der Anlage liegt die Grenze zwischen Deutschland und Österreich.

Hinkommen

Bus 6101 ab Passau Hbf alle 1–2 Std.

Naturerlebniszentrum Haus am Strom
Ein interaktives Museum über den Lebensraum Donau sowie das Thema Wasserkraft zum Anfassen und Ausprobieren. Sonntags um 14 Uhr findet eine Führung durch die abwechslungsreiche Erlebnisausstellung statt. Zahlreiche spannende Naturführungen sind vor Ort buchbar.
Am Kraftwerk 4 | 94107 Untergriesbach | Tel. (0 85 91) 91 28 90 | www.hausamstrom.de | 1. Mai–16. Sep. tgl. 9–18 Uhr, 17. Sep.–30. Apr. Di–So 10–17 Uhr | Erw. 5 €, Kinder 3 €

Pension Zum Ebenstein
13 Zimmer und zwei Familienapartments zum Wohlfühlen: Freundliche Gastgeber, köstliches Essen und eine idyllische Lage im Grünen. Im Ortsteil Riedl, ca. 10 km von Untergriesbach.
Riedl 7 | 94107 Untergriesbach | Tel. (0 85 93) 3 81 | www.ebenstein.de | €

Kellberg

Der Luftkurort Kellberg ist ein Ortsteil der Gemeinde Thyrnau und liegt mit 484 Metern hoch über der Donau.

Von dort oben bietet sich ein wunderbarer Ausblick auf die umgebende Landschaft. Im Ortskern steht die spätgotische katholische Pfarrkirche St. Blasius. Daneben befindet sich die Leonhardi-Kapelle aus dem 15. Jahrhundert.

Jedes Jahr am zweiten Oktoberwochenende wird in Kellberg ein Leonhardiritt abgehalten, eine traditionelle Prozession zu Pferde zu Ehren des heiligen Leonhard, dem Schutzpatron der landwirtschaftlichen Tiere.

Kellberger Schmiedemuseum
Kleiner Ausstellungsraum mit vollständigem Werkstatt-Inventar am ursprünglichen Standort.
St.-Blasius-Straße 2 | 94136 Thyrnau | Tel. (0 85 01) 3 20 | Tgl. 10–16 Uhr

Lindenhof
Familiengeführtes, neu renoviertes 3-Sterne-Hotel mit Wellnessbereich im Kurort Kellberg. Neben Standard-Doppel- und Einzelzimmern gibt es auch geräumige, extravagant ausgestattete Themenzimmer mit modernen Bädern.
Kurpromenade 12 | Tel. (0 85 01) 80 80 | www.lindenhof-kellberg.de | €€

St. Blasius in Kellberg

Niederbayerische Kurorte & Rottal

Bad Füssing, Bad Griesbach und Bad Birnbach bilden das niederbayerische Bäderdreieck, wo Gesundheit und Entspannung großgeschrieben werden. Die Gegend lockt mit Thermalbädern, Golfanlagen und der malerischen Natur zwischen Rott und Inn.

Bad Füssing

Breit angelegte Straßen, großzügige gepflegte Parks, Palmen und ein Spalier von Restaurants, Cafés, Hotels und Geschäften: Bad Füssing bietet die klassischen Annehmlichkeiten eines Kurortes. Die Hotel- und Thermenlandschaft des Ortes ist dabei vor allem bei älteren Gästen beliebt – nicht nur wegen des heilenden Wassers.

Der Kurort Bad Füssing befindet sich gut 30 Kilometer südlich von Passau. Die Gemeinde liegt im malerischen Flachland der Pockinger Heide und ist nur einen Katzensprung vom Inn entfernt. Dort verbindet eine Brücke den deutschen Kurort mit dem österreichischen Obernberg am Inn.

Bad Füssing hat in wenigen Jahrzehnten eine rasante Entwicklung hingelegt: Zu Beginn handelte es sich bei diesem Ort um einen Weiler mit nur sechs Bauernhöfen. Bei Versuchsbohrungen auf der Suche nach Öl im Jahr 1938 stieß man erstmals auf Thermalwasser. Aufgrund des bevorstehenden Krieges und der Existenz von Bädern in Nordböhmen wurden Nutzung und Ausbau der Quelle vorerst verboten.

Nach dem Krieg begann die Entwicklung von Füssing zum Kurort: Es erfolgten weitere erfolgreiche Bohrungen sowie die Errichtung einer entsprechenden Infrastruktur. 1969 erhielt Füssing den Titel „Bad", zwei Jahre später wurden die umliegenden Örtchen eingemeindet. Heute ist Bad Füssing ein bedeutender Kurort mit knapp zweieinhalb Millionen Übernachtungen im Jahr. Auf 7400 Einwohner kommen rund 13500 Gästebetten.

Die Kurgäste zählen darauf, dass das 56 Grad warme schwefelhaltige Heilwasser ihre Erkrankungen des Bewegungsapparates, wie Rückenschmerzen, Osteoporose und Arthrose, lindert. Daneben dient das Thermalwasser der Vorsorge und Rehabilitation, etwa nach einem Herzinfarkt – oder ganz einfach der Entspannung.

Das Bade- und Wellnessangebot ist dabei sehr groß: Zu den öffentlichen Kureinrichtungen gehören die *Therme Eins* mit dem Saunahof, die *Europa Therme* und das *Johannesbad*. Darüber hinaus locken einige Hotels, die an die Thermalwasser-Ringleitung angeschlossen sind, mit eigenen kleinen Bädern. Die Gesamtwasserfläche aller Thermalbecken in Bad Füssing beträgt rund 12000 Quadratmeter.

Auch außerhalb der Thermen ist einiges geboten: Neben vielen Sport- und Freizeitmöglichkeiten wie Golfen, Radfahren, Reiten, Tennis und Nordic Walking gibt es auch ein großes Kulturangebot. Dieses reicht von Konzerten des Kurorchesters bis hin zum großen Kulturfestival im Herbst, das ein vielfältiges Programm an Konzerten, Ausstellungen und Kabaretts bietet und jährlich rund 100000 Besucher anlockt.

Hinkommen

Bus alle 1–2 Stunden ab Passau Hbf

◄ *Rund um Bad Griesbach herrscht Ruhe und Beschaulichkeit*

Therme Eins
Wo im Jahr 1938 zum ersten Mal das Bad Füssinger Thermalwasser aus dem Boden schoss, locken heute zwölf Thermalbecken mit 18 bis 42 Grad Celsius warmem Wasser sowie Dampfbäder und Kneippduschen Entspannung suchende Gäste an. Der zur Therme gehörige Saunahof befindet sich in einem originalgetreuen Rottaler Vierseithof des 18. Jahrhunderts.
Kurallee 1 | 94072 Bad Füssing |
Tel. (0 85 31) 94 46-0 |
www.therme1.de |
Mo–Do 7.30–18 Uhr, Fr–So 7.30–21 Uhr |
5 Std. ab 15 €, Tageskarte ab 20,50 €

Johannesbad Therme
Attraktionen wie ein Thermal-Wellenbad, Felsen-Vulkanbad, Wasserfälle und ein Strömungs-Massagebad bei Heilwasser-Temperaturen zwischen 27 und 39 Grad Celsius. Außerdem: Saunalandschaft, Therapiemöglichkeiten, Wellness.
Johannesstraße 2 | Tel. (0 85 31) 2 30 |
www.johannesbad-therme.de |
Therme: Mo–Sa 8–20, So 8–18 Uhr,
Saunen: Tgl. 10.30–17.30 Uhr |
Tageskarte Therme ab 19 €

Europa Therme
Hier erwarten die Gäste Highlights wie ein 120 Meter langer Strömungs-

Der hübsch bepflanzte Kurpark in Bad Füssing lädt zum Spazieren ein

Im zünftigen Holzhaus zaubert der Wirt z'Füssing Köstliches auf die Teller

kanal, ein Infrarot-Tiefenwärmebereich, das *AeroSalzum*, das Vital-Massage-Studio sowie eine Saunalandschaft.

Kurallee 23 |
Tel. (0 85 31) 94 47-0 |
www.europatherme.de |
Tgl. 7–19, Mi/Fr 7–22 Uhr |
5 Std. ab 15 €, Tageskarte ab 19 €

Bio-Thermalhotel Falkenhof

4-Sterne-Biohotel in zentraler Lage unweit des Kurparks mit freundlichen, modernen Zimmern in hellen Holztönen. Neben einem hauseigenen Thermalbad verfügt das Hotel über ein Biorestaurant, das auf regionale und saisonale Küche setzt. Das Gesamtkonzept des Hauses ist bis ins Detail ökologisch gestaltet und reicht von der Einrichtung bis hin zu den Entspannungsangeboten.

Paracelsusstraße 4 | Tel. (0 85 31) 97 43 |
www.hotel-falkenhof.de | €€€

Wirt z'Füssing

Rustikal und zugleich schick eingerichtetes, etwas gehobenes Wirtshaus mit guter bayerischer Küche. Die bodenständigen Gerichte werden mit regionalen und saisonalen Produkten zubereitet und teils mit besonderen Ideen verfeinert.

Pockinger Straße 1–5 |
Tel. (0 85 31) 27 96 50 |
www.wirt-fuessing.de |
Mi und Do Ruhetag

La Piazzetta

Leckere italienische Speisen, von köstlichen Pastagerichten bis zu hervorragenden Pizzen. Das Personal ist sehr freundlich. Im Sommer kann man schön auf der Terrasse im Schatten sitzen. Durchgängig warme Küche.

Goethestraße 6 | Tel. (0 85 31) 2 72 43 |
www.lapiazzetta-badfuessing.de |
Mi–So/Fei 11.30–22 Uhr

Kurorte im Rottal

In Bad Griesbach und Bad Birnbach, den Thermenorten im Rottal, stehen Erholung und Wellness an erster Stelle. Die beschaulichen Orte machen es dem Besucher leicht, zur Ruhe zu kommen.

Bad Griesbach

Bad Griesbach ist circa 25 Kilometer von Passau entfernt und grenzt an den Landkreis Rottal-Inn.

Der Ort teilt sich auf in den alten Teil mit hübschem, aber etwas verschlafenem Ortskern und den neuen Teil Bad Griesbach-Therme, wo sich die Kurhotels aneinanderreihen. Gemeinsam mit Bad Füssing und Bad Birnbach bildet Bad Griesbach das *Niederbayerische Bäderdreieck*. Einst gab es hier hauptsächlich landwirtschaftliche Betriebe, dann schlug der Kurtourismus ein und ließ neben den Thermen Hotels, Pensionen und Geschäfte entstehen.

In der Geschichte des Kurortes nimmt Alt-Bürgermeister Alois Hartl eine besondere Rolle ein: Er war überzeugt davon, nach dem Fund von Heilwasser in Bad Füssing auch in Griesbach auf Thermalquellen zu stoßen. Deshalb bezahlte er die Bohrungen aus eigener Tasche und hatte in einer Tiefe von 1 500 Metern tatsächlich Erfolg. Das war 1973. Im selben Jahr wurde Griesbach staatlich anerkannter Luftkurort, seit der Jahrtausendwende darf sich die Stadt „Bad“ nennen. Mit einer Temperatur von bis zu 60 Grad Celsius sprudelt das Griesbacher Thermalwasser aus den Tiefen des Rottals. Es hat eine heilende Wirkung auf Knochen, Gelenke sowie den gesamten

Stille Schönheit: Auf dem großen Stadtplatz in Bad Griesbach geht es ruhig zu

Bewegungsapparat und kann auch für Trinkkuren genutzt werden. In die Bad Griesbacher *Wohlfühl-Therme* gelangen Hotelgäste meist sogar direkt vom Hotel über sogenannte Bademantelgänge.

Doch die Therme ist nicht die einzige Attraktion, mit der Bad Griesbach werben kann. Einen mindestens genauso hohen Stellenwert nimmt das *Golf Resort Bad Griesbach* ein, das mit drei 9-Loch-Plätzen, fünf 18-Loch-Plätzen und zwei 6-Loch-Plätzen das größte Golfresort Europas darstellt. Die qualitativ hochwertige, ungefähr 950 Fußballfelder messende Anlage lockt sogar international erfolgreiche Spieler in die sanfte Rottaler Landschaft.

Diese lässt sich natürlich auch mit anderen Sportarten erschließen. So gibt es zum Beispiel ein großes Nordic-Walking-Netz, das 17 Routen und damit eine beschilderte Gesamtwegstrecke von 150 Kilometern umfasst.

Wohlfühl-Therme

Neben zahlreichen Innen- und Außenbecken in unterschiedlichsten Temperaturstufen, Dampfsaunen, einer Salzgrotte und einem Schwimmerbecken hält die *Wohlfühl-Therme* ein besonderes Highlight bereit: einen türkischen Hamam.

Thermalbadstraße 4 | 94086 Bad Griesbach-Therme | Tel. (0 85 32) 9 61 50 | www.wohlfuehltherme.de | Thermalbad: tgl. 8–21 Uhr, Sauna: Mo–Fr 11–21, Sa/So 10–21 Uhr | Thermalbad ab 13 €, Sauna ab 7,50 €

Hamam

Im Herzen der *Wohlfühl-Therme* in Bad Griesbach befindet sich ein Türkisches Bad, das mit einer Seifen- und Rubbelmassage, Reinigungsräumen und einem Entspannungsbad ein besonderes Wohlfühlerlebnis bietet. Aufenthalt vorher unbedingt buchen!

www.wohlfuehltherme.de/hamam | Fr–Di 11–18 Uhr | Ab 30,80 €

Buchtipp: Niederbayerische Affären

von Ingrid Werner (Emons Verlag)

Amüsant und spannend: Schauplatz des Niederbayern-Krimis ist das vermeintlich ruhige Rottal. Dort will sich Protagonistin Karin, gelangweilt von ihrem Dasein als Hausfrau und Mutter, eigentlich nur politisch engagieren. Doch schnell findet sie sich in einem Netz aus Korruption, Vetternwirtschaft, Eifersucht und Mord wieder.

Ferienhaus Schwarz'n Hof

Traumhafte Alleinlage in der Nähe des Kurzentrums Bad Griesbach. Die Ferienwohnungen sind hell und freundlich eingerichtet und gut ausgestattet. Auf den großen Liegewiesen des schönen Hofs lässt es sich in ruhiger Umgebung toll erholen.

Oberham 2 | 94086 Bad Griesbach | Tel. (0 85 32) 26 41 | www.schwarznhof.de | €

Hinkommen

Bus 6125 ab Passau Hbf, Mo–Fr alle 1–2 Stunden, Sa 3x, So 2x nach Bad Griesbach Stadtplatz. Fahrzeit ca. 1 Std.

Gemütliches Bad Birnbach: Im Hintergrund steht die Kirche Maria Himmelfahrt

Bad Birnbach

Geruhsam und ländlich: Der dritte Kurort im Bunde garantiert Erholung pur. Nach dem Thermenbesuch lädt das kleine, charmante Ortszentrum zum Bummeln und Schlemmen ein.

Circa zehn Kilometer westlich von Bad Griesbach – und damit bereits im Landkreis Rottal-Inn – befindet sich Bad Birnbach. Die Marktgemeinde liegt leicht erhöht über dem Tal der Rott und gilt als das ländlichste Bad des Niederbayerischen Bäderdreiecks.

Die Bad Birnbacher *Rottal Terme* wurde 1976 eröffnet. Sie bietet mehr als 30 Heilwasserbecken zwischen 26 und 40 Grad Celsius sowie einen sogenannten Thermenbach. Thermalwasser fand man dort eigentlich schon 1939 auf der Suche nach Erdöl. Doch die damalige Reichsregierung interessierte sich nicht dafür. Erst über 30 Jahre später entdeckte man die Quelle wieder – und nutzte sie fortan. Der Kurtourismus ließ viele Hotels und Apartmenthäuser entstehen. Auch der Ort selbst nahm eine neue Gestalt an. So gehört etwa der neu entstandene Marktplatz, welcher von vielen Geschäften unter Arkadengängen umrahmt ist, zur jungen Geschichte Birnbachs als Kurort. Das Prädikat „Bad" erhielt die Gemeinde 1987.

Wer durch den Ort mit seinem gelungenen Mix aus reizendem Dorf und geschäftigem Kurhotspot schlendert, sollte unbedingt die Augen nach dem **ersten autonom fahrenden Kleinbus Deutschlands** offenhalten – oder gleich selbst eine Testfahrt vom Bahnhof zum neuen Marktplatz im elektrisch betriebenen Gefährt wagen.

Rottal Terme
Die *Rottal Terme* bietet 30 Thermalwasserbecken mit Temperaturen zwischen 26 und 40 Grad Celsius, einen Thermenbach sowie neun Saunen und Dampfbäder. Hinzu kommt ein großes Wellness- und Präventionsangebot.
Prof.-Drexel-Straße 25 | 84364 Bad Birnbach | Tel. (0 85 63) 29 00 | www.badbirnbach.de/rottal-terme | Ganzjährig tgl. 8–21 Uhr | Heilbaden ab 14 €, inklusive Saunawelt ab 19,50 €

Landhaus Müller
Die drei Ferienwohnungen sind liebevoll und gemütlich eingerichtet. Auf Wunsch bietet die freundliche Gastgeberfamilie auch ein Frühstück an. Das Landhaus befindet sich nur zehn Gehminuten von der *Rottal Terme* entfernt. Der Eingang zum *Bella Vista Golfpark* liegt sogar noch näher.
Aunham 5 | Tel. (0 85 63) 35 41 | www.landhausmueller-badbirnbach.de | €

Wirt am Berg
Gehobene feine Küche zu fairen Preisen in gemütlichem Ambiente. Wechselnde Speisekarte mit klassischen wie kreativen Gerichten, bevorzugt wird mit saisonalen Produkten aus der Region gekocht. Lecker ist das Lachsforellenfilet vom Grill auf Bärlauch-Risotto mit glasiertem Spargel.
Am Berg 2 | Tel. (0 85 63) 9 76 43 56 | Di Ruhetag

Konditorei Achter
Ausgezeichnete Torten und Kuchen zu einem tollen Preis-Leistungs-Verhältnis. Die Einrichtung ist etwas altmodisch, aber sehr gemütlich. Mit schöner Gartenterrasse.
Brunnaderstraße 4 | Tel. (0 85 63) 32 90 | www.konditorei-achter.de | Di–So 11–18 Uhr

Hinkommen

RB stündlich ab Passau Hbf

Der Bad Birnbacher Marktplatz lockt mit zahlreichen Geschäften und Cafés

Zwischen Rott & Inn

Ein Stück bayerische Toskana bieten die sanft geschwungenen Weiten zwischen Rott und Inn.

Sie laden zum Wandern und Radfahren ein und sind dank eines großflächigen Wegenetzes sehr gut erschlossen. So führen beispielsweise der Jakobsweg, der Inn- und der Römerradweg durch die malerische Landschaft, die immer wieder mit sehenswerten Schlössern und Kirchen gespickt ist.

Auch für Ausritte ist das frühere Zentrum der Rottaler Pferdezucht bestens geeignet. Wer die Highlights der hiesigen Rosskultur miterleben möchte, sollte sich unbedingt den **Leonhardiritt** in Grongörgen und Aigen am Inn sowie den Rottaler Zehnerzug auf dem **Karpfhamer Fest** ansehen (▶ Seite 29).

St. Ulrich im Zentrum Pockings

Ein Paradies für Naturliebhaber ist das **Europareservat Unterer Inn.** Das Naturschutzgebiet reicht von der Salzachmündung im oberbayerischen Landkreis Altötting bis nach Schärding und umfasst damit eine Fläche von rund 55000 Hektar. Die wunderschöne Landschaft setzt sich aus Inseln, Auwäldern, Schlickbänken und Wasserflächen zusammen und beherbergt eine große Vielfalt an teils seltenen Tier- und Pflanzenarten. Dazu zählen rund 300 Vogelarten, 800 unterschiedliche Schmetterlingsarten, die größte freilebende Biberpopulation in Mitteleuropa und die größte Möwenkolonie des Binnenlandes mit rund 50000 Tieren. Daneben tummeln sich dort auch Fledermäuse, Fischotter, Libellen und Amphibien. Im Herbst und Frühjahr ist das Europareservat ein wichtiger Sammelpunkt für zehntausende Zugvögel, die von dort ihre Reise in den Süden antreten beziehungsweise beenden. Wer mag, kann an einer geführten Wanderung teilnehmen (▶ Seite 119). Neugierige Beobachter können außerdem mehrere Aussichtsplattformen nutzen.

Zu den kulturellen Highlights in der Region gehört die ehemalige Benediktinerabtei **Kloster Asbach** zwischen Bad Griesbach und Rotthalmünster. Die ehemalige Klosterkirche St. Matthäus entstand um 1780 im Stil des Frühklassizismus. Von außen betrachtet ist die Wandpfeilerkirche recht schlicht. Im Inneren beherbergt sie eindrucksvolle Bildhauerwerke von Joseph Deutschmann, Decken-

Das Schloss Vornbach spiegelt sich malerisch auf der glatten Oberfläche des Inns

gemälde von Josef Schöpf und Altarbilder des österreichischen Barockmalers Johann Schmidt. Im einstigen Kloster befindet sich heute das Museum Kloster Asbach (derzeit wegen Renovierungsarbeiten geschlossen, Termin der Wiedereröffnung noch nicht bekannt).

Weiter im Osten, am Ufer des Inns, wurde 1320 das **Schloss Neuhaus am Inn** in Gestalt einer Wasserburg erbaut. Mitte des 18. Jahrhunderts verwandelte man das Gebäude in ein Barockschloss, in dem sich heute eine Realschule befindet. Ein toller Blick auf Schloss Neuhaus bietet sich vom direkt gegenüberliegenden Schärding (▶ Seite 144).

Keine vier Kilometer flussabwärts steht das **Schloss Vornbach,** das 800 Jahre lang als Benediktinerabtei genutzt wurde. Es lohnt sich, der hübschen Klosterkirche direkt nebenan einen Besuch abzustatten. In Vornbach bietet sich auch die urige Dorfbäckerei Donaubauer zur Einkehr an.

Nochmals knappe vier Kilometer flussabwärts thront das 1050 errichtete **Schloss Neuburg** hoch über dem Inn. Heute dient es als Kultur- und Veranstaltungszentrum, ist Sitz der Landkreisgalerie sowie Zweigstelle der Universität Passau. Direkt gegenüber befindet sich das malerische österreichische Örtchen **Wernstein am Inn** mit der gleichnamigen Burg (in Privatbesitz) und der weiß leuchtenden Mariensäule am Flussufer (▶ Seite 140).

Beeindruckend sind in der Region zwischen Rott und Inn außerdem die prunkvolle Barockkirche St. Martin in **Kirchham** sowie die gotische Pfarr- und Wallfahrtskirche Heiligste Dreifaltigkeit in **Kößlarn.**

Infozentrum Europareservat Unterer Inn

Dauerausstellung zur Stauseeökologie, Karten- und Infomaterial. Auf geführten Wanderungen durch das Europareservat lässt sich dessen Artenvielfalt entdecken.

Innwerkstraße 15 | 94140 Ering | Tel. (0 85 73) 13 60 | www.europareservat.de | Apr.–Okt. tgl. 9–17 Uhr, Okt.–März tgl. 10–16 Uhr

Drehscheibe Pocking
Die kleine, modern gestaltete Dauerausstellung „Drehscheibe Pocking" im Nebenraum der Stadtbücherei zeigt interessante Funde aus der Pockinger Heide, die von Kelten, Römern und Bajuwaren stammen.
Simbacher Straße 9 | 94060 Pocking | Tel. (08 51) 9 49 60 19 | Mo/Di/Do/Fr 15–18, Mi 9–11 und 18–20 Uhr

Kirchenmuseum in Kößlarn
Das kleine Museum in der Wehranlage der Kößlarner Wallfahrtskirche zeigt die Wallfahrtsgeschichte zwischen Rott und Inn.
Marktplatz 35 | 94149 Kößlarn | Tel. (0 85 36) 15 59 | www.kirchenmuseum-koesslarn.de | Apr.–Okt. Do/Sa/So 13–16 Uhr

Landkreisgalerie
In den Räumen des Schlosses Neuburg bietet die Landkreisgalerie neben einer Dauerausstellung zum Schloss und seiner Geschichte regelmäßig wechselnde Ausstellungen unterschiedlicher Künstler.
Am Burgberg 5 | 94127 Neuburg am Inn | Tel. (08 51) 39 76 21 | www.landkreisgalerie.de | Di–So 11–17 Uhr

Stockbauerstüberl
Pockings schönster Biergarten mit zwei wunderbaren Kastanienbäumen. Kleine Speisen, prämierte Weine und Biere, abwechslungsreiche Speisekarte. Traditionelle Brotzeiten gemischt mit modernen Ansätzen (z.B. Bayrischer Hotdog). Etwas versteckt gelegen.
Lagerhausweg 7 | 94060 Pocking | Tel. (0 85 31) 7 04 90 41 | www.stockbauerstueberl.de | Mo Ruhetag

Das mächtige Schloss Neuburg beherbergt unter anderem die Landkreisgalerie

Tour 5: Mit dem Rad durchs Inn- und Rottal

Auf dem idyllischen Innradweg radeln wir bis in die Barockstadt Schärding am Inn. Anschließend geht es vorbei an Feldern und Dörfern durch das beschauliche Rottal bis in den ruhigen Kurort Bad Birnbach.

Karte: ▸ Seite 123

Charakteristik: Gut ausgeschilderter Radweg, größtenteils asphaltiert. Die Strecke verläuft recht flach, nur am Ende geht's noch einmal bergauf

Start: Passau

Ziel: Bad Birnbach (Zugverbindung nach Passau stündlich)

Strecke: Passau – Wernstein – Schärding – Pocking – Karpfham – Bad Birnbach

Entfernung: ca. 50 km

Dauer: ca. 4 Stunden

Einkehrtipp: Gaststätte *Wirt am Berg* in Bad Birnbach

In Passau überqueren wir aus der Altstadt kommend den Fünferlsteg (Innsteg), wenden uns nach rechts und radeln flussaufwärts am grünen Inn entlang, immer dem schönen Innradweg in Richtung Wernstein und Schärding folgend.

Im alten Schifferörtchen **Wernstein am Inn** (▸ Seite 140) kann man die gleichnamige Burg, die elegante Mariensäule, den Mariensteg sowie das auf dem Hang gegenüber thronende **Schloss Neuburg** bewundern.

Danach geht es mit einigen Steigungen weiter den Inn entlang bis ins bezaubernde österreichische Barockstädtchen **Schärding** (▸ Seite 144), wo sich eine kurze Rast in einem der Lokale im Stadtzentrum lohnt (▸ Seite 149).

In Schärding passieren wir die Alte Innbrücke, werfen einen Blick nach rechts in Richtung der niederbayerischen Gemeinde **Neuhaus am Inn** mit ihrem eindrucksvollen Schloss und wenden uns dann nach links, dem Radsymbol folgend. Wo sich die Radwege aufteilen, entscheiden wir uns für den gut ausgeschilderten Rottalradweg und nehmen den Abzweig nach rechts gen Pocking. Vorbei an weiten Feldern führt der Weg in den kleinen Ortsteil Mittich der Gemeinde Neuhaus am Inn, welchen man über einen Kreisverkehr nach links verlässt.

Direkt entlang des stillen Ruhstorfer Sees und vorbei am ruhigen Fluss Rott radeln wir weiter durch den hübsch neu sanierten Ortskern des lebendigen Markts **Ruhstorf an der Rott.** Nach wenigen Kilometern erreicht man bereits den Ortsrand von **Pocking,** einer rund 16 000 Einwohner zählenden Stadt des Landkreises Passau. Sie gilt als Hauptort der Rottaler Pferdezucht. Daran erinnert auch die *Wälzende Stute* vor der katholischen Pfarrkirche in der Ortsmitte, eine Bronzeskulptur des Bildhauers Dominik Dengl und Wahrzeichen der Stadt.

In Pocking kann man den Radwegweiser nach Bad Birnbach leicht übersehen: Er zeigt von der Gstettener Straße nach rechts auf einen schmalen Weg entlang des Ausbachs. Diesem folgend überqueren wir zwi-

Am Innufer bei Wernstein kann man die idyllische Flusslandschaft genießen

schen grünen Wiesen und weiten Feldern, die sich über eine immer wieder leicht geschwungene Ebene erstrecken, zweimal die Gleise und schließlich auch die Rott. Nun fließt sie linker Hand, während wir auf dem Radweg neben der B388 bis in den Bad Griesbacher Ortsteil **Karpfham** weiterfahren. Dort passieren wir den riesigen Volksfestplatz, wo jährlich im Spätsommer das Karpfhamer Fest und die Rottalschau stattfinden. Der Hauptstraße folgend, vorbei an einem großen Campingplatz, gelangt man in den winzigen Ortsteil Schwaim. Wer hier rechts abbiegt, kann einen Abstecher nach Bad Griesbach (▶ Seite 114) machen und die wohltuende Therme besuchen.

Andernfalls geht es nach links, gleich wieder nach rechts und dann immer geradeaus – mit einem wunderbaren Blick auf die sanften Hügel des Rottals. Kurz nach der Gemarkung Kindlbach geht es steil bergauf, bevor wir uns wieder hinabrollen lassen können und über Lengham den Zielort **Bad Birnbach** (▶ Seite 116) erreichen. Hier kann man wunderbar im urigen *Wirt am Berg* (▶ Seite 117) mit schattigem Biergarten einkehren und niederbayerische Schmankerl genießen.

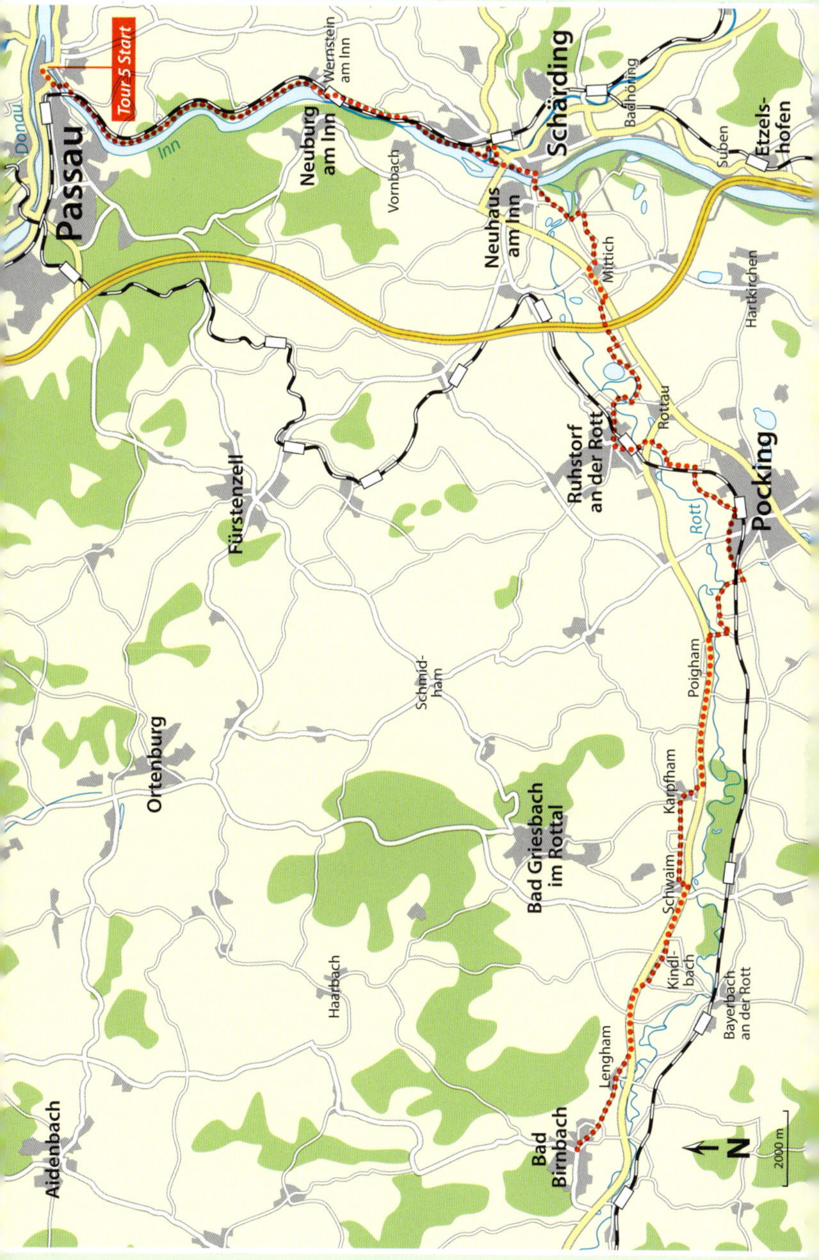
Tour 5 Start
Passau
Donau
Inn
Neuburg am Inn
Wernstein am Inn
Vornbach
Neuhaus am Inn
Schärding
Badhöring
Suben
Etzels-hofen
Mittich
Hartkirchen
Rottau
Pocking
Ruhstorf an der Rott
Rott
Fürstenzell
Schmid-ham
Poigham
Ortenburg
Bad Griesbach im Rottal
Karpfham
Schwaim
Kindl-bach
Haarbach
Bayerbach an der Rott
Lengham
Bad Birnbach
Aidenbach
N
2000 m

Südlicher Bayerischer Wald

Wild, rau und ursprünglich fühlt sich die Gegend im Norden Passaus an. Die sanften Wiesen an den Hängen sind dabei ebenso malerisch wie die schwarze Ilz, die sich aus den Tiefen des Bayerischen Waldes bis nach Passau schlängelt.

Ilztal & Dreiburgenland

Das Ilztal und Dreiburgenland, benannt nach Burg Saldenburg, Englburg und Schloss Fürstenstein, ist eine wildromantische Wanderregion zwischen Passau und dem Nationalpark Bayerischer Wald, die mit besonderen Attraktionen wie der Westernstadt Pullman City und dem Museumsdorf Bayerischer Wald aufwartet.

Wer im Ilztal unterwegs ist, der stößt auf wilde Flusslandschaften, idyllische Seen, tiefgrüne Auenwälder und eigenwillige Felsformationen. Die Ilz – Flusslandschaft des Jahres 2003 und oft als Schwarze Perle bezeichnet – entspringt im Bayerischen Wald und vereint sich am Passauer Dreiflüsseeck mit Inn und Donau. Die Region eignet sich wunderbar für Wanderungen in der urwüchsigen Natur. Kein Wunder also, dass hier große Fernwanderwege wie der *Pandurensteig,* die Pilgerroute *Via Nova* und der *Goldsteig* verlaufen. Der Name des Letzteren geht auf die mittelalterlichen Salzsäumerpfade zurück. Die sogenannten Salzsäumer transportierten das weiße Gold von Bayern nach Böhmen.

Das Ilzengtal mit dem **Naturschutzgebiet Halser Ilzschleifen** ist dank schattiger Flussufer, bewaldeter Hänge und heißer Felswände Heimat für seltene und bedrohte Tier- und Pflanzenarten wie für die Schlingnatter und die Sibirische Schwertlilie. Mehr als 30 Fischarten leben in der Ilz und ihren Quellflüssen, einige Donaufische wie der Zander laichen dort. Daneben ist der Bayerwald-Fluss auch Lebensraum für die Wasseramsel und die Flussperlmuschel. Am Ufer lassen sich charakteristische, aber seltene Pflanzen wie der Straußfarn und die Banater Segge finden. Sie werden jedoch von eingeführten Arten, etwa vom Indischen Springkraut aus dem Himalaya, zunehmend verdrängt.

Ilztalbahn

Eine besondere Perspektive auf das Ilztal bietet eine Fahrt mit der Ilztalbahn, vorbei an markanten Felsformationen, einsamen Mühlen, der Ruine Kalteneck und dem Schloss Fürsteneck, über Brücken und durch Tunnel. Meist verläuft die Strecke direkt am Ufer von Donau, Ilz und Osterbach. Los geht es am Hauptbahnhof in Passau, weiter über **Tiefenbach, Fischhaus, Kalteneck, Fürsteneck, Röhrnbach** und **Waldkirchen** bis zum Zielbahnhof in **Freyung.** Die Fahrt lässt sich gut mit einer Wanderung oder einer Radtour verknüpfen. Die Bahn ist von Mai bis Oktober an Wochenenden und Feiertagen in Betrieb.

◂ *Blick auf das wildromantische Ilztal*

Neben Naturgenuss haben Ilztal und Dreiburgenland noch weitere Attraktionen zu bieten. In **Tittling,** direkt neben dem idyllischen **Dreiburgensee,** liegt das **Museumsdorf Bayerischer Wald.** Auf einer Fläche von etwa 20 Hektar können Besucher des Freilichtmuseums rund 140 Gebäude aus der Zeit zwischen 1580 und 1850, meist mit originalgetreuer Einrichtung, besichtigen. Bei einem Spaziergang durch das Dorf lässt sich das frühere Landleben im Bayerischen Wald gut nachempfinden.

Ein ganz anderes Gefühl vermittelt dagegen die **Westernstadt Pullman City** in **Eging am See,** circa zwölf Kilometer südwestlich von Tittling. Der Erlebnispark bietet ein abwechslungsreiches und gewaltfreies Showprogramm mit Indianern, Cowboys, freilaufenden Bisons und Pferden. Hauptattraktion ist die American History Show, die unterschiedliche Epochen der amerikanischen Geschichte veranschaulicht.

Wer nach all den wilden Abenteuern etwas Entspannung braucht, kann es sich in der **Sonnentherme** in Eging am See mit Wellnessanwendungen gut gehen lassen oder die vielfältige Granitsaunalandschaft besuchen. Die Therme befindet sich direkt am schönen **Eginger See,** der zum Schwimmen und Sonnenbaden einlädt (▶ Seite 163).

Museumsdorf Bayerischer Wald
Das Freilichtmuseum zählt zu den größten in Europa. Wer durch das authentische bayerische Dorf schlendert, kann sich gut vorstellen, wie die ländliche Bevölkerung hier früher gelebt hat.
Am Dreiburgensee | 94104 Tittling |
Tel. (0 85 04) 84 82 |
www.museumsdorf.com | Tgl. 9–16 Uhr

Westernstadt Pullman City
In der nachgebauten Westernstadt liefern Indianer und Cowboys ein spannendes Showprogramm. Es gibt

Der Passauer Stadtteil Hals mit der gleichnamigen Burgruine liegt direkt an der Ilz

In der Westernstadt Pullman City lässt sich amerikanische Geschichte erleben

mehrere Restaurants und Übernachtungsmöglichkeiten, zum Beispiel im Tipi oder im Palace Hotel.
Ruberting 30 | 94535 Eging am See |
Tel. (0 85 44) 9 74 90 |
www.pullmancity.de

Sonnentherme
Die kleine Therme in Eging am See bietet mit Außenbereich, Wellnessangeboten und Granitsaunalandschaft alles für Erholungssuchende. Direkt am Eginger See gelegen.
Mühlbergstraße 5 | 94535 Eging am See |
Tel. (0 85 44) 87 78 |
www.sonnen-therme.de |
Tgl. 10–20, Mi bis 21 Uhr |
Erw. 9 €, Kinder 4 €

Ferienhof Löw
Idyllische und ruhige Lage mitten im Grünen. Die Gastgeber sind freundlich und die Ferienwohnungen überzeugen durch eine tolle Ausstattung, guten Geschmack und absolute Sauberkeit. Außenpool und Grillmöglichkeiten. Von der Passauer Altstadt 12 Kilometer entfernt.
Stolzesberg 2 |
94121 Salzweg (OT Straßkirchen) |
Tel. (0 85 05) 13 63 |
www.loew-ferienhof.de | €

Wirtshaus Habreder
Bayerisches Wirtshaus mit Spezialitäten aus der Region. In der urigen Wirtsstube werden vorwiegend kräftig-deftige Gerichte mit frischen regionalen Zutaten serviert. Aber auch leichte vegetarische Speisen finden sich auf der Speisekarte. Im Biergarten sitzt man schön mit Ausblick auf den Marktplatz von Tittling.
Marktplatz 12 | 94104 Tittling |
Tel. (0 85 04) 91 43 0 |
www.gasthof-habreder.de |
Mi–So 10–14 und 17–24 Uhr

Die Kirche St. Vitus bildet den höchsten Punkt des Luftkurortes Hauzenberg

Hauzenberg & Granitland

Als „hart, aber herzlich" werden die durch den Bergbau geprägte charmante Kleinstadt Hauzenberg und ihr bergiges Umland, das Granitland, bezeichnet.

Rund 18 Kilometer nordöstlich von Passau liegt der staatlich anerkannte Luftkurort **Hauzenberg.** Die Kleinstadt mit ihrem kleinen, recht ruhigen Ortskern befindet sich auf circa 550 Metern Höhe inmitten von Granitbergen des Südlichen Bayerischen Waldes, unweit des Dreiländerecks Bayern-Böhmen-Oberösterreich.

Obwohl die Stadt selbst schon recht hoch liegt, befindet sie sich in einem weitläufigen Talkessel, der von steil aufsteigenden, dicht bewaldeten Berghängen eingerahmt ist. Nicht weit von Hauzenberg entfernt ragt der höchste Berg des Landkreises Passau mit 950 Metern in den Himmel: der **Oberfrauenwald.** Ein 27 Meter hoher Aussichtsturm auf dem Gipfel verspricht einen tollen Rundumblick auf die dünn besiedelte hügelige Landschaft. Im Winter können Skifahrer an den Nordhängen des Berges hinuntersausen und sich von den Liften wieder hochziehen lassen.

Die raue Region ist reich an den Bodenschätzen Granit und Graphit. Deshalb wird sie meist als Granitland bezeichnet. Der Granit hat der Landschaft ihre Form gegeben und Leben und Arbeiten der Menschen über lange Zeit hinweg bestimmt. Im modern gestalteten **Granitzentrum Bayerischer Wald,** das sich im aufgelassenen Schachet- und Königsbruch befindet, können sich die Besucher darüber informieren, wie Granit gewonnen, verarbeitet und genutzt wird. Außerdem wird die aktuelle Situation der Granitwirtschaft dargestellt. Daneben bietet die Steinwelten-Ausstellung einen Einblick in Geschichte und Vielfalt der Gesteine. Highlight im Außenbereich ist der Steinbruchweiher, der von Steinhauerhütten und einer Schmiede umgeben ist.

Keine sechs Kilometer von Hauzenberg entfernt steht der Graphit im Mittelpunkt des Interesses. Im **Graphit Besucherbergwerk Kropfmühl** kann man bei einer spannenden Führung unter Tage mit Schutzhelm und Kittel bewaffnet das Reich der Kumpels in einer Tiefe von bis zu 45 Metern erkunden und dabei Wissenswertes über den Bodenschatz erfahren. Zusätzliche Informationen liefert das attraktiv gestaltete, angeschlossene Museum.

Wer nach den Museumsbesuchen etwas Zeit in der Natur verbringen möchte, hat viele Möglichkeiten, die malerische Landschaft mit romantischen Steinbruchseen, weiten Tälern und bewaldeten Hügeln per Rad oder zu Fuß zu erkunden. Besonders leicht ist der sieben Hektar große **Freudensee** zu erreichen, der sich idyllisch am Rande der Stadt erstreckt und im Sommer zum beliebten Badesee, im Winter zum Schlittschuhparadies wird. Auch ein Rundwanderweg führt um den See.

Im Granitzentrum: Aus dem ehemaligen Steinbruch wurde ein stiller See

An seinem Ufer lag einst auch die Burg Freudensee. Zu ihrer Entstehung ist wenig bekannt, doch gelangte sie im 15. Jahrhundert in den Besitz des Hochstifts Passau und wurde vom Passauer Bischoff als Jagdschloss genutzt. Im 16. Jahrhundert wurde die Burg verlassen. Drei Jahrhunderte später gelangte die Ruine in privaten Besitz. Aus der ehemaligen Kapelle wurde nun ein Wohnhaus mit Ställen und Scheune. Bis heute kann man die efeuumrankten Gebäude am Seeufer entdecken.

In Hauzenberg selbst lohnt auch der **Kurpark** den Besuch. In dem abwechslungsreich gestalteten grünen Areal laden rund um einen Klimapavillon Kneippbecken und -wiese, windgeschützte Holzliegen und ein Fitnesshang zur gesunden Erholung ein. Gleich nebenan liegt der **Roccopark.** Neben einer Skateranlage und einem kleinen See mit Sandstrand sind ein Irrgarten und der Aussichtspunkt **Pinoccioturm** die Attraktionen.

Granitzentrum Bayerischer Wald
Sehenswerte Ausstellung zur Granitgewinnung in der Region sowie zur Vielfalt von Gesteinen und ihrer Entstehung.
Passauer Straße 11 | 94051 Hauzenberg |
Tel. (0 85 86) 22 66 |
www.granitzentrum.de |
Jan.–Apr. tgl. 10–16,
Mai–Okt. tgl. 10–18 Uhr, Nov. geschlossen,
Dez. Öffnungszeiten der Granitweihnacht |
Erw. 6 €, erm. 5 €, Kinder 7–14 Jahre 2 €

Graphit Besucherbergwerk Kropfmühl ★
Interessante, modern gestaltete Ausstellung. Highlight ist die spannende Untertageführung mit Helm und Kittel – unbedingt mitmachen!
Langheinrichstraße 1 |
Tel. (0 85 86) 60 91 47 |
www.graphit-bbw.de |
Ende März–Anfang Nov. Di–So 10.30–15 Uhr | Führungen um 11 und 13 Uhr |
10 €, Kinder 4–16 Jahre 7 €

Die Ausstellung des Besucherbergwerks Kropfmühl vermittelt spannende Fakten

Der Freudensee liegt idyllisch am Rande von Hauzenberg

Dinkelbier-Museum
Hier kann man das Sudhaus besichtigen, Geräte begutachten, etwas über das Brauen lernen – und natürlich selbst ein Bier verkosten.
Eben 11–13 | 94051 Hauzenberg |
Tel. (0 85 86) 22 00 |
www.apostelbraeu.de/museum |
Mo–Fr 10–12 und 14–17, Sa 10–12 Uhr

Naturhotel Gidibauer Hof
19 moderne, komfortabel ausgestattete Zimmer mit Eichenholzdielen und geschreinerten Kirschbaummöbeln befinden sich hinter den schicken Mauern des denkmalgeschützten Vierseithofs aus Granit beziehungsweise des neuen Nebengebäudes. Idyllische Lage, herzliche Betreuung und ausgezeichnete Küche inklusive.
Grub 7 | 94051 Hauzenberg |
Tel. (0 85 86) 9 64 40 |
www.gidibauer.de | €€

birreria
Modern eingerichtetes Restaurant. Zu teils kreativen Pizzasorten aus dem Holzofen gibt es ein großes Angebot an selbstgebrauten Bieren. Von der Terrasse aus hat man einen schönen Blick auf Hauzenberg.
Eben 11–13 | 94051 Hauzenberg |
Tel. (0 85 86) 59 23 |
www.apostelbraeu.de |
Tgl. ab 17 Uhr, So auch 11–13.30 Uhr

Gasthaus Falkner
Uriges Gasthaus mit köstlichen niederbayerischen Schmankerln, die immer frisch zubereitet werden.
Fritz-Weidinger-Straße 42 |
94051 Hauzenberg | Tel. (0 85 86) 12 52

Hinkommen

Bus ab Passau Hbf (Reisebüro Niedermayer) und Passau Rathaus werktags ca. stündlich, samstags fünfmal, sonntags dreimal nach Hauzenberg Busbahnhof, Fahrzeit 35 Minuten.

Wegscheider Land

Der 930 Meter hohe Friedrichsberg befindet sich genau zwischen Wegscheid, Breitenberg und Sonnen im Wegscheider Land. Vom dortigen Aussichtsturm bietet sich Besuchern ein toller Blick auf diese traumhafte Ecke des südlichen Bayerischen Waldes, die mit vielfältigen Naturerlebnissen zwischen Wiesen, Wäldern und den Bayerwaldbergen lockt.

Die Region im Dreiländereck zwischen Tschechien und Österreich ist prädestiniert für entspannende Wanderungen auf markierten Wegen. Im Sommer lässt es sich toll Radfahren und Schwimmen – zum Beispiel im nahegelegenen **Rannasee** –, im Winter stehen Ski- und Langlaufen auf dem Programm. Besonders beliebt sind die Rundwanderung durch das Wildwassertal Bärnloch sowie der Granit-Erlebnis-Wanderweg.

Die Gemeinde **Breitenberg** befindet sich im äußersten Nordosten des Landkreises Passau und stellt noch dazu die östlichste Gemeinde ganz Bayerns dar. Von Passau ist der kleine Erholungsort mit etwas über 2000 Einwohnern rund 30 Kilometer entfernt.

Nur sechseinhalb Kilometer weiter westlich liegt **Sonnen** – als höchstgelegene Gemeinde ist sie der Sonne im Landkreis Passau tatsächlich am nächsten.

Auf ihrem Gemeindegebiet, auf 850 Höhenmetern, liegt eine besondere Naturlandschaft: das **Hochmoor Wilde Aue.** Dabei handelt es sich um das letzte naturbelassene Hochmoor südlich des Großen Arbers. Es weist die klassische Uhrglasform auf: Das bedeutet, dass das Moor innen aufgewölbt ist und sich dort das meiste Wasser sammelte. Das Hochmoor Wilde Aue ist ein einzigartiger Lebensraum für seltene Pflanzen wie Wachtelweizen, Moosglöckchen und Legföhren, die andernorts längst ausgerottet sind.

In der Region zwischen Wegscheid, Breitenberg und Sonnen florierte bis Mitte des 19. Jahrhunderts die Leinenweberei. Zu dieser Zeit fertigten dort bis zu 800 Weber in Heimarbeit Produkte wie Kissen, Teppiche und Damasttücher an. Noch heute gibt es Handwebereien vor Ort – und das **Webereimuseum Breitenberg** im Breitenberger Ortsteil Gegenbach: In drei Bauernhäusern veranschaulichen Bauernmöbel, Webereigeräte und -produkte sowie eine Färberei das Leben und Arbeiten im 17. Jahrhundert. Die Webstühle werden noch genutzt und auf dem Museumsgelände wachsen Flachs und alte Getreidesorten. Highlight ist das traditionelle Drescherfest Anfang September. Feine Webwaren wie Bettwäsche, Tischdecken und Stoffe fertigt noch heute die *Handweberei F. X. Moser* in Wegscheid (▶ Seite 168).

Ein traditionelles Kleinod ist auch die **Hammerschmiede Breitenberg.** Bei den Schmiedevorführungen können Besucher sehen, wie das Handwerk vor hundert Jahren ausgeübt wurde. Im kleinen Ausstellungsraum gibt es weitere Informationen.

Knapp fünf Kilometer vom Breitenberger Ortskern entfernt, befindet sich die **Baptist-Kitzlinger-Schanze** mit drei Skisprungschanzen. Der dort ansässige Wintersportverein Rastbüchl e.V. brachte schon erfolgrei-

Der Rannasee lädt zum Schwimmen und Relaxen auf der grünen Landzunge ein

che Langläufer und Skispringer hervor, etwa Severin Freund.

Ein weiterer lohnenswerter Ort für Wintersportfreunde ist das **Nordische Zentrum Jägerbild** zwischen Breitenberg und Sonnen. Hier breitet sich ein 65 Kilometer umfassendes Loipennetz aus, auf welchem Langläufer die stille Natur genießen können. Ein Einkehrklassiker ist die Blutwurzhütte. Sie heißt neuerdings *Kaiseralm,* lockt unter anderem mit bayerischen Köstlichkeiten und liegt direkt am Nordischen Zentrum Jägerbild.

Webereimuseum Breitenberg
Das kleine, aber feine Museum zeigt anschaulich, wie die Menschen in der Region früher gelebt und gearbeitet haben, als Flachsanbau und Weberei den wichtigsten Wirtschaftszweig darstellten.
Gegenbachstraße 52 | 94139 Breitenberg | Tel. (0 85 84) 9 61 80 |
Mitte Mai–Mitte Okt. Mo 13.30–16.30, Do 9.30–12 Uhr

Hammerschmiede Breitenberg
Besucher können sich die restaurierte Schmiede aus dem Jahr 1768 mit Wasserrad und schwerem Doppelhammer ansehen. Daneben erhalten sie Infos zur Geschichte der Schmiede und des Schmiedewesens.
Dreisesselstraße 59 | Tel. (0 85 84) 9 10 19 |
www.spenglerei-bloessl.de |
Mai–Okt. Fr 14–16.30 Uhr |
Vorführungen nach Vereinbarung

BioLandgut Tiefleiten
Das grüne Hotel bietet insbesondere viele Fasten- und Gesundheitsprogramme wie Basenfasten an. Es liegt mitten in der ruhigen Natur und setzt zu hundert Prozent auf Bio. So kommen etwa die Lebensmittel aus kontrolliert biologischem Anbau und die Betten und Holzfußböden sind ausschließlich aus Naturmaterialien hergestellt. Gemütlich, gutes Essen und aufmerksamer Service.
Tiefleiten 16 | Tel. (0 85 84) 18 19 |
www.tiefleiten.de | €€

Oberösterreichs Nordwesten

Im Südosten Passaus erstreckt sich das oberösterreichische Innviertel. Hier sind neben Naturschätzen wie der eindrucksvollen Schlögener Schlinge auch architektonische Perlen wie das Stift Engelszell und der Obernberger Marktplatz zu finden.

Innviertler Donautal

Das obere Donautal in Oberösterreich besticht durch eine bildschöne Landschaft, die im Naturwunder Schlögener Schlinge gipfelt. Von Passau aus führt der Donauradweg direkt dorthin.

Engelhartszell

Die Marktgemeinde Engelhartszell zählt circa 950 Einwohner und liegt direkt an der Donau im oberösterreichischen Innviertel.

Der kleine Ortskern mit historischen Markthäusern versprüht dank zahlreicher Radtouristen und vorbeischippernder Schiffe wahres Urlaubsfeeling. Das Hufschmiedemuseum in einer 400 Jahre alten Werkstatt sowie die Ausstellung *Donau-Geschichten* mit dem Infopoint *Natura 2000* informieren über das einstige Leben, Arbeiten sowie Flora und Fauna im und um den Donauort.

Über eine Stiege erreicht man die barockisierte Pfarrkirche Engelhartszell. Sie steht auf einem grünen Hügel, auf dem ein paar Ziegen grasen. Sehenswert ist auch die interaktive Ausstellung *Wassererlebnis Mini-Donau,* wo man dem Lauf der Donau spielerisch folgen kann.

Unweit des Ortskerns befindet sich ein wahrer Schatz: das **Stift Engelszell.** Es ist das einzige Trappistenkloster in Österreich und verfügt über eine der stilistisch reinsten Rokokokirchen des Landes. Die Kirche wurde zwischen 1754 und 1764 errichtet und beherbergt Kunstwerke von Joseph Deutschmann, Johann Georg Üblher und Bartolomeo Altomonte. Ein besonderer Hingucker ist das modern gestaltete Deckengemälde im Kircheninneren. Gegründet wurde das Stift 1293 als Zisterzienserkloster. Das Stift Engelszell ist bekannt für seine feinen Klosterliköre, den Trappistenkäse und seit Kurzem auch für sein Trappistenbier. Alle Produkte werden im Klosterladen zum Verkauf angeboten.

Forellenzirkus
Unweit von Engelhartszell befindet sich in idyllischer Lage der *Forellenzirkus* mit Mühlenmuseum und Sägewerk als interessantes Ausflugsziel. Höhepunkt des Besuchs sind die Kunststücke der Forellen: Sie spielen Fußball und springen durch Reifen.

Mühlbach 3 | 4725 St. Aegidi |
Tel. (+43 77 17) 75 52 |
www.forellenzirkus.at |
Apr.–Okt. Di–So 10–12 und 14–17 Uhr
(Mi nur vormittags) |
Telefonische Voranmeldung erwünscht

bed and breakfast Petra Huber
Schönes Haus mit Blick auf die Donau. Es gibt zwei Doppel-, ein Familien- und ein Einzelzimmer, die alle individuell eingerichtet sind. Sauber, herzliche Gastgeber und ein hervorragendes Frühstück. In Kasten, 8 Kilometer donauaufwärts von Engelhartszell.

Kasten 59 | 4091 Vichtenstein |
Tel. (+43 6 50) 9 87 47 16 |
www.bed-and-breakfast-donauradweg.at |
€–€€

◂ *Das Stift Reichersberg (▸ Seite 143) besticht durch seine barocke Architektur*

Zarte Schönheit in satter Natur: Das Stift Engelszell ist ein besonderes Bauwerk

via Tipp **Im Baderhaus**

Absolut köstliche Kuchen und Gebäck. Unbedingt den ofenfrischen Apfelkuchen probieren. Die Besitzer sind unglaublich nett und aufgeschlossen. Der Garten am Fuße der Kirche lädt zum gemütlichen Sitzen im Freien ein. Wer an Engelhartszell vorbeikommt, sollte hier auf jeden Fall einen Stopp einlegen.

Sauwaldstraße 20 | 4090 Engelhartszell | Tel. (+43 06 50) 4 90 81 69 | Fr–Di 7–18 Uhr

Schlögener Schlinge ★

14 Kilometer donauabwärts von Engelhartszell liegt ein atemberaubendes Naturwunder: die Schlögener Schlinge.

Dabei handelt es sich um eine Flussschlinge, die sich zwischen den Gemeinden Haibach ob der Donau mit dem namensgebenden Ortsteil Schlögen, Hofkirchen im Mühlkreis mit dem Örtchen Au sowie Niederkappel mit der Ortschaft Grafenau erstreckt. Die Donau wendet sich auf diesem Gebiet zweimal kurz hintereinander um 180 Grad – erst nach links, dann nach rechts –, sodass der mächtige Strom von oben betrachtet s-förmig verläuft.

Das kam so: Die Donau hatte bereits ihren in mehreren Mäandern verlaufenden Weg in den weichen Schichten des Tertiär gefunden, als sich das kristalline Grundgebirge des Bayerischen Waldes anhob. Während die Landmasse nach oben strebte, grub sich der Fluss aktiv darin ein und ließ ein fast 300 Meter tiefes Durchbruchstal entstehen, das wir noch heute bewundern können. Selbst vom Ufer oder vom Schiff aus lässt sich die enge Schlinge gut betrachten, da der Uferbereich im Kurveninneren recht flach verläuft.

Im Schlingenbereich gibt es auch die Möglichkeit, die Donau mit einer Personen- beziehungsweise Radlerfähre zu überqueren: zwischen Au und Schlögen mit der Radfähre Hotel Donauschlinge sowie zwischen Au und Grafenau mit der Längsfähre namens Donaubus. Daneben sind natürlich auch zahlreiche Flusskreuzfahrtschiffe unterwegs. Für die Passagiere ist die Schlögener Schlinge eines der Top-Highlights ihrer Reise. Beim Bewundern der faszinierenden Landschaft vergisst man jedoch schnell, dass der Schlinge einst der Ruf als gefährlichste Stelle für die Donauschifffahrt anhaftete.

Wer die Schlögener Schlinge von oben betrachten möchte, sollte den etwas anstrengenden und teils recht steilen Weg bis zum Aussichtspunkt **Schlögener Blick** auf sich nehmen. Die Mühe lohnt sich, denn von dort oben bietet sich ein sagenhafter Ausblick auf das Naturwunder. Der Pfad beginnt unweit des Hotels *Donauschlinge*. Von dort folgt man der Beschilderung „Schlögener Blick". Der Aufstieg dauert circa 30 Minuten.

Noch mehr Natur gibt es auf der anderen Uferseite. Zwischen Au und Grafenau verläuft ein Naturlehrpfad mit Informationen über Flora, Fauna und Geologie des Gebietes.

Restaurant im Hotel Donauschlinge

Sehr große Sonnenterrasse direkt am Fluss mit Blick auf die Schlögener Schlinge. Die regionalen Gerichte schmecken köstlich und sind hübsch angerichtet.

Schlögen 2 | 4083 Haibach/Donau | Tel. (+43 72 79) 82 12 | www.donauschlinge.at

Eine spektakuläre Aussicht auf die Donauschlinge bietet sich am Schlögener Blick

Sauwald

Der Sauwald erstreckt sich als wunderschöne Kulturlandschaft mit Fichten- und Tannenwäldern, Wiesen und Feldern auf einem schmalen Hochplateau zwischen Passau und Eferding im Süden der Donau.

Obwohl die Vermutung naheliegt, dass der Name des Landstriches auf die früher dort heimischen Wildschweine zurückgeht, ist es wahrscheinlicher, dass sich der Begriff von der Bezeichnung „Passauer Wald" ableitet. Genauso wie der Neuburger Wald im Westen gehört der Sauwald zur Böhmischen Masse, welche die Donau einst in einen nördlichen und einen südlichen Teil separiert hat. Daher zieht sich der Sauwald für rund 40 Kilometer auch genau parallel zum Donautal entlang und fällt in ebendiese nördliche Richtung steil hinab. Der Übergang zum restlichen Umland – dem oberösterreichischen Alpenvorland – verläuft dafür recht sanft. Mit 895 Metern ragt der Haugstein am höchsten empor.

Vichtenstein

Am Nordhang des Haugsteins erhebt sich die eindrucksvolle Burg Vichtenstein.

Die Grafen zu Formbach ließen sie um 1100 erbauen. Im Anschluss wechselte die Burg oft ihren Besitzer und diente im Laufe der Zeit nicht nur als Verwaltungszentrum des Bistums Passau, sondern auch als Raub-

Baumkronenweg in Kopfing: ein spannender Weg für schwindelfreie Entdecker

ritterburg. Ende des 18. Jahrhunderts wurde das Bauwerk Eigentum des österreichischen Staates. Seit 1860 befindet sich die Burg Vichtenstein in Privatbesitz und ist nur von außen zu besichtigen. Leichter zugänglich ist dagegen ein weiteres Gebäude im Ort: die neugotische Pfarrkirche.

Das Gemeindegebiet mit seinen circa 700 Einwohnern umfasst neben Vichtenstein selbst auch noch die Ortschaften Wenzelberg und Kasten. Letzteres ist ein altes Mautdorf, das sich direkt an der Donau im Staubereich des Kraftwerks Jochenstein befindet. Wo heute Boote anlegen, wurden bis 1937 Flöße gebaut. Seit bereits 800 Jahren steht in dem Ortsteil eine sehenswerte Filialkirche, die dem Heiligen Jakob geweiht ist.

Kopfing im Innkreis

Gut zwölf Kilometer südlich von Vichtenstein liegt die Marktgemeinde Kopfing im Innkreis mit ihren knapp 2 000 Einwohnern. Ein Ausflug dorthin lohnt sich vor allem aufgrund des tollen Baumkronenweges.

Große und kleine Besucher bewegen sich dort auf einem komplett aus Holz gebauten Pfad in den Höhen des Misch- und Nadelwaldes und lernen so die Besonderheiten von Flora und Fauna kennen. Vom 40 Meter hohen Erlebnisturm hat man einen grandiosen Blick auf die Umgebung. Über das ganze Jahr verteilt locken vielfältige Veranstaltungen, etwa die romantische Waldweihnacht. Daneben haben Urlauber die Möglichkeit, in einem Baumhotel auf zehn Metern Höhe zu übernachten – und der Stille des Waldes zuzuhören.

Freilichtmuseum Brunnbauerhof

Streng genommen nicht mehr im Sauwald, aber dennoch ein lohnenswertes Ziel, das sich von Kopfing aus in nur 15 Autominuten erreichen lässt, ist das Freilichtmuseum Brunnbauerhof in Andorf. Der typische Innviertler Vierseithof wurde erstmals 1532 urkundlich erwähnt und besteht aus einem Wohnhaus in Holzblockbauweise, zwei Stallgebäuden und einer großen Scheune. Die Originaleinrichtung stammt aus den Anfängen des 20. Jahrhunderts. Vervollständigt wird das denkmalgeschützte Ensemble durch ein Backhaus, eine Hauskapelle und einen Fischweiher. Besucher können hier sehen, wie die Menschen zur damaligen Zeit gelebt und gearbeitet haben.

Großpichl 4 | 4770 Andorf |
Tel. (+43 77 66) 22 55 15 |
www.brunnbauerhof.at |
Mai–Okt. So 14–17 Uhr

Baumkronenweg
Der zweieinhalb Kilometer lange Baumkronenweg führt in bis zu 20 Metern Höhe durch den Sauwald.
Knechtelsdorf 1 | 4794 Kopfing |
Tel. (+43 77 63) 2 28 90 |
März–Nov. tgl. 10–18 Uhr | Erw. 12,50 €, erm. 11,50 €, Kinder von 6–14 Jahren 8 €

Unteres und mittleres Innviertel

Das untere und mittlere Innviertel zieht sich von der Innmündung in Passau bis nach Obernberg am Inn immer parallel zum Verlauf des grünen Flusses. Wie der Rest des Innviertels gehört auch dieses ehemals bayerische Gebiet erst seit 250 Jahren zu Österreich.

Der bayerische Einfluss ist auch heute noch vielerorts sichtbar. So gilt das Innviertel auch als Bierregion. Daneben ähneln sich die österreichischen und bayerischen Stadtensembles entlang des Inns, die überwiegend im barocken Gewand erscheinen, etwa in Schärding (▸ Seite 144) und Obernberg am Inn. Ein landschaftliches Highlight der Region ist das *Europareservat Unterer Inn* (▸ Seite 118).

Wernstein am Inn

Das alte Schifferörtchen Wernstein mit seiner romantischen Burg und den Mostschänken am Inn ist ein Ort zum Wohlfühlen und prädestiniertes Ausflugsziel für romantische Genießer.

Die Gemeinde liegt direkt am grün schimmernden Fluss. Darüber spannt sich eine futuristisch anmutende Fußgängerbrücke, die den Radfahrern und Wanderern die Überquerung erleichtert. Da sie Wernstein und Neuburg am Inn verbindet, steht die Brücke zudem als Symbol für die deutsch-österreichische Freundschaft zwischen den beiden Grenzorten links und rechts des Inns.

Offiziell trägt die Fußgängerbrücke den Namen **Mariensteg.** Von dort hat man eine fantastische Aussicht auf die Sehenswürdigkeiten des malerischen Ortes: die trutzige, im 12. Jahrhundert errichtete **Burg Wernstein** sowie die elegante, 17 Meter hohe **Mariensäule** in leuchtendem Weiß. Sie wurde 1646 der Münchner Mariensäule nachempfunden.

Die Mostschänken unweit des Flusses laden zu kühlen Getränken und leckeren Brotzeiten ein. Dort kann man wunderbar sitzen und das entspannte Flair des romantischen Ortes genießen – immer mit Blick auf **Schloss Neuburg** (▸ Seite 119), das auf dem Hang gegenüber thront.

Landhotel Mariensäule

Das Hotel liegt direkt am romantischen Inn und verfügt über 14 schöne, gut ausgestattete Zimmer. Morgens gibt es ein tolles Frühstücksangebot. Der Umwelt zuliebe wird hier zum Heizen Holz verwendet. Warmwasser wird durch Solarenergie erzeugt.

Innstraße 17 | 4783 Wernstein am Inn | Tel. (+43 77 13) 6 60 80 | www.mariensaeule.at | €€

via Tipp **Mosthäusl**

Im gemütlichen Garten mit Blick auf den Inn und Schloss Neuburg kann man hier wunderbar leckere österreichische Brotzeiten, Süßspeisen und köstlichen Most genießen. Das Personal ist sehr freundlich.

Innstraße 15 | 4783 Wernstein am Inn | Tel. (+43 6 76) 6 60 89 99 | www.mosthaeusl.at | Fr–Di 14–22 Uhr

Hinkommen

R/REX stündlich ab Passau Hbf

Der filigrane Mariensteg bringt Radler von Wernstein nach Neuburg am Inn

Obernberg am Inn

Die malerische Marktgemeinde Obernberg am Inn liegt an einer Terrassenkante direkt am grünlich schimmernden Fluss und bietet dadurch eine wunderbare Aussicht auf das Naturidyll.

Highlight des circa 1800 Einwohner zählenden Ortes ist jedoch der bezaubernde Marktplatz. Die ursprüngliche Anlage des Platzes entstand Ende des 12. Jahrhunderts unter der Herrschaft des Passauer Bischofs Wolfger von Erla. Zur selben Zeit wurde auch die nahegelegene **Feste Obernberg** erbaut.

Der Obernberger **Marktplatz** gilt als der schönste in ganz Österreich. Bewundert wird er vor allem für seine kunstvollen Rokokofassaden, die auf den Stuckateur Johann Baptist Modler zurückgehen. Sehenswert sind das rosafarbene Apothekerhaus mit der Maria Immakulata, das grüne Wörndlehaus nebenan sowie das Schiffsmeisterhaus rechts neben Glas Neueder. Die Besichtigung der Häuser ist nur von außen möglich. Ausdrücklich erwünscht ist der Eintritt dagegen im **Heimatmuseum,** das sich im gelb leuchtenden Gurtentor befindet. Gut zu wissen: Alljährlich im März verwandelt sich der großzügige Platz für einen Tag in einen traditionellen Pferdemarkt.

Nur einen Katzensprung vom Marktplatz entfernt liegt das **Burgareal** mit einer schönen Gartenanlage und Blick auf den Inn. Neben dem einstigen Schlossgebäude und einem umgebauten Getreidespeicher stehen noch Reste des Nordturms und der Burgmauer. Inzwischen befinden sich in den renovierten Bauwerken ein Kunsthaus mit wechselnden Ausstellungen zur zeitgenössischen Kunst sowie ein Seminarhaus. Außerdem lädt die 2018 neu eröffnete Adlerwarte zu spannenden Flugvorführungen ein.

Zur klassischen Marktplatzansicht gehört auch der Kirchturm der **Pfarrkirche Zum Heiligen Abendmahl.** An Turm und Schiff der Kirche ist die St.-Anna-Kapelle angebaut, die gotische Fresken beherbergt. Direkt am Inn gelegen, in der Straße Vormarkt Ufer, steht die **Nikolauskirche** mit einem gotischen Bau aus dem 15. Jahrhundert. Sie wird auch Schifferkirche genannt, da Kapitäne dort früher mit einem Gottesdienst verabschiedet wurden, bevor sie ihre riskante Fahrt fortsetzten. Heute finden dort besondere Gottesdienste, Konzerte und Ausstellungen statt.

Adlerwarte Obernberg

Die im August 2018 neu eröffnete Adlerwarte in der Nähe der Burg Obernberg bietet ausführlich moderierte Flugvorführungen mit Adlern, Geiern, Milanen und Falken.

Bezirksgerichtsgasse 4 |
4982 Obernberg am Inn |
Tel. (+43 06 64) 8 99 83 25 |
www.adlerwarte-obernberg.at |
Vorführungen Di–Sa 11 und 15 Uhr,
So/Fei 11, 14 und 16 Uhr |
Erw. 12 €, Kinder 6 €

Hotel & Gasthof zur Post

Im Sommer kann man auf der Terrasse direkt am Marktplatz sitzen und

Nahe des Obernberger Marktplatzes steht die Pfarrkirche Zum Heiligen Abendmahl

die barocke Kulisse des Obernberger Stadtzentrums genießen. Große Auswahl an guten Gerichten von Pizza bis Schnitzel.

Marktplatz 8 | Tel. (+43 77 58) 4 01 54 | www.gh-zurpost.at | Mai–Sep. Do–Mo 10–22, Fr 16–22 Uhr, Okt.–Apr. Do–Mo 10–22 Uhr

Reichersberg

Nur dreieinhalb Kilometer innabwärts von Obernberg liegt die ruhige Marktgemeinde Reichersberg mit dem gleichnamigen Stift Reichersberg der Augustiner-Chorherren, das stolz über dem Inn thront.

Wernher von Reichersberg und seine Gemahlin Dietbirga gründeten das Stift nach dem Tod ihres einzigen Sohnes im Jahr 1084. Seit über 900 Jahren leben die Stiftsherren also bereits gemäß ihrem Motto „Mit Freude leben" in der großen Chorherrenanlage mit Pfarr- und Stiftskirche. Ihr barockes Aussehen mit hübschen Arkadengängen, Erkern und begrünten Innenhöfen erhielt das Stift nach einem großen Brand im 17. Jahrhundert. Direkt daneben – und somit auch mitten im Zentrum von Reichersberg – befindet sich der schmucke Herrengarten, der zum Teil ebenfalls barocke Züge aufweist.

Bei den Stiftsherren wird Kultur großgeschrieben. Im Rahmen des *Reichersberger Sommers* finden schon seit 50 Jahren unterschiedliche Konzerte, Ausstellungen, Kabaretts und Lesungen statt. Und Kulinarisches gibt es auch: Im Klosterladen und in der stiftseigenen Vinothek werden unter anderem Weine und Liköre verkauft.

Hübsch angelegt: das Stift Reichersberg

Führung durch das Stift Reichersberg
In 45 bis 60 Minuten führen die Augustiner-Chorherren persönlich durch das wunderschöne Stift und zeigen Besuchern die Barockkirche, den Kreuzgang und die Bibliothek. Karten sind im Klosterladen erhältlich.

Reichersberg 1 | 4981 Reichersberg | Tel. (+ 43 77 58) 23 13 14 | www.stift-reichersberg.at | Mi/So 15 Uhr | Erw. 9 €, erm. 4 €

Stiftsbräustüberl
Regionale Schmankerl, leichte Küche, herzhafte Gerichte und süße Desserts in gemütlichem Ambiente. Dazu werden frisch gezapfte Bierspezialitäten und ausgewählte Weine serviert. Kleiner Biergarten mit toller Aussicht über das Inntal.

Hofmark 1 | Reichersberg | (+43 77 58) 23 13 85 | www.stiftsbraeustueberl.at | Mi–So 9–24 Uhr

Schärding ★

Schärding verzaubert nicht nur durch sein historisches Stadtbild mit bonbonbunten Barockfassaden, sondern auch durch viel Grün in Schloss- und Orangeriepark, Naturschätze entlang des Inns und Sportmöglichkeiten im Umland.

Barockes Schmuckstück am grünen Inn

In der charmanten Kleinstadt Schärding können die Besucher unweit barocker Prachtbauten am Inn entlangflanieren oder in einem der grünen Gärten entspannen. Daneben lädt eine große Bandbreite an Restaurants, Cafés und Bars zum Schlemmen ein.

Obwohl die österreichische Barockstadt nur 15 Kilometer von Passau entfernt liegt, herrscht in Schärding ein völlig andersartiges Flair – der oberösterreichische Charme ist hier sofort spürbar. Ähnlich wie die Dreiflüssestadt kann Schärding auf eine bewegte Geschichte zurückblicken: Die kleine Stadt am Inn hat wirtschaftliche Blüte und Zerstörung genauso erlebt wie die Zugehörigkeit zu Bayern und zu Österreich.

Heute besticht die österreichische Stadt an der Grenze zu Bayern durch ihre landschaftlich attraktive Umgebung, in der Wandern, Radfahren und Wassersport viel Spaß machen. Außerdem lockt sie durch viele Veranstaltungen wie *Lichtspiele* und *Schlemmerfest,* ihre abwechslungsreiche Gastronomie, Einkaufsmöglichkeiten und Wellnessangebote zahlreiche Besucher an. Das historische Stadtbild wird gehegt und gepflegt, sehr viele Gebäude stehen unter Denkmalschutz.

Die erste urkundliche Erwähnung des Ortes geht auf eine Passauer Urkunde aus dem Jahr 804 zurück. Darin ist von der landwirtschaftlichen Siedlung Scardinga die Rede. Seine Blütezeit erlebte Schärding im Mittelalter. Damals entwickelte sich der Ort dank Innschifffahrt und Handel mit Salz, Getreide, Erzen, Holz und Textilien zu einer wohlhabenden Stadt. Daneben kurbelten das Tuchmachergewerbe mit Leinenwebern und Färbern sowie Schafzucht, Flachs- und Hanfanbau die Wirtschaft kräftig an.

1703 dann der erste herbe Rückschlag: Im Zuge des Spanischen Erbfolgekrieges zerstörten österreichische und dänische Truppen große Teile der Stadt. Nur zwanzig Jahre später fielen zahlreiche Häuser im Stadtzentrum sowie die Burg einem Brand zum Opfer. Als im Jahr 1809 napoleonische Truppen die Stadt vernichteten und sie ausraubten, war klar, dass es einige Zeit dauern würde, bis sich Schärding wieder erholt.

Auch die Grenzlage stellte stets eine Herausforderung für die kleine Stadt dar. Als Streitobjekt zwischen den beiden Nachbarländern wurde Schärding immer wieder getauscht, vererbt, erkämpft und verpfändet. Die Besitzer wechselten häufig, unter ihnen waren die Grafen von Andechs, die Wittelsbacher und die Habsburger. Herzog Ludwig dem Gebarteten haben wir zu verdanken, dass die Stadt mit Türmen und Toren versehen ist – er ließ sie im 15. Jahrhundert befestigen.

Sehenswertes in Schärding

Die 5 000-Einwohner-Stadt ist klein, aber fein. Zwischen historischen Gässchen, dem barocken Stadtplatz,

◂ *Sonnenbaden und Schlemmen zwischen Silberzeile und Christophorusbrunnen*

Schärding

Gründung: Erste urkundliche Erwähnung im Jahr 804
Verwaltung: Hauptstadt des Verwaltungsbezirks Schärding
Einwohner: 5 220 (2019)
PLZ: 4780 (Österreich)
Fläche: 4,08 km^2
Geografische Lage: am Inn, ca. 15 km südlich von Passau, am westlichen Rand des österreichischen Innviertels

ruhigen Parks und der bezaubernden Innpromenade gibt es einiges zu entdecken.

Vom Bahnhof aus erreicht man die Ortsmitte über das **Linzer Tor,** das einst als Oberer Stadtturm diente. Direkt dahinter befindet sich die Hauptsehenswürdigkeit der Barockstadt: die sogenannte **Silberzeile,** eine markante Häuserzeile im Nordosten des Oberen Stadtplatzes, mitten im Herzen von Schärding. Der Name geht vermutlich auf die reichen Kaufleute zurück, die einst in den hübschen Häusern mit ihren bunten Fassaden und geschwungenen Giebeln wohnten. Die Farben kamen nicht von ungefähr: Sie deuteten vielmehr auf die mittelalterlichen Zünfte hin. So strich der Metzger seine Hauswand rot, der Bäcker blau und der Gastwirt entweder grün oder gelb. Heute befinden sich in den Gebäuden hauptsächlich Restaurants und Geschäfte. Hier spielt sich das Leben der Stadt ab. Am nordwestlichen Ende des Stadtplatzes symbolisiert der Christophorusbrunnen aus dem Jahr 1963 die Schifffahrt und den Wasserreichtum des Ortes, aber auch die Hochwassergefahr.

Unweit der Silberzeile erhebt sich hinter einer weiteren schmucken Häuserzeile die **Stadtpfarrkirche St. Georg.** Der erste Kirchenbau entstand hier bereits um 1307, wurde jedoch während des Spanischen Erb-

Im ehemaligen Gewächshaus des Orangerieparks befindet sich ein Restaurant

folgekrieges stark beschädigt. Der anschließend sanierte Bau fiel einer französischen Beschießung im Jahr 1809 zum Opfer. 1814 wurde die Kirche schließlich wiedererrichtet.

Auf dem Weg in Richtung Schlosstor kommt man am **Rathaus** vorbei, das 1594 aus zwei aufgekauften Bürgerhäusern entstand. Nach Brandschäden im Jahr 1809 wurde es mehrmals nach neugotischem und neubarockem Vorbild umgestaltet.

Das **Schlosstor** gehörte früher zu den Wehranlagen, die Herzog Ludwig der Gebartete in der ersten Hälfte des 15. Jahrhunderts erbauen ließ. Die Schärdinger Burg, auch als Schloss Schärding bezeichnet, fiel im Jahr 1724 einem Stadtbrand zum Opfer und wurde schließlich 1809 während der Napoleonischen Kriege endgültig zerstört und nicht mehr wiederaufgebaut. Wo einst der Burghüter wohnte, befindet sich nun das **Stadtmuseum.** Es gibt einen Überblick über die unterschiedlichen historischen Epochen der Stadt. Ein besonderer Fokus liegt auf dem Inn als Verkehrsweg und Energielieferant.

Auf der anderen Seite des Schlosstors finden sich die Besucher vor einem modernen Gebäude wieder, dem **Kubinsaal.** Er bietet rund 300 Personen Platz und wird für ganz unterschiedliche Veranstaltungen genutzt.

Unmittelbar rechter Hand lädt der **Schlosspark** zum Verweilen ein. Ursprünglich befand sich hier einmal der Burghof. Er wurde jedoch bereits 1895 zu einer Parkanlage umfunktioniert. Im Park stößt der Besucher auch auf den Burgbrunnen mit einer Tiefe von 26 Metern. Er geht auf das Jahr 1225 zurück und wurde erst 2003 wiederentdeckt. Wer mag, kann vom Garten aus schon einen ersten Blick hinab auf den Inn werfen. Über die Schlossterrassen, vorbei am Kriegsmahnmal, gelangt man hinunter an den Inn.

Wer sich hier nach links wendet, erreicht über die Straße Im Eichbüchl den malerischen **Orangeriepark.** Das ehemalige Gewächshaus mit Gärtnerwohnung beherbergt nun ein Restaurant mit schöner Terrasse.

Wer dagegen unterhalb der Schlossterrassen den Weg nach rechts einschlägt, gelangt zum **Wassertor,** welches heute das **Granitmuseum** beherbergt. Schon außerhalb gibt es einiges zu entdecken: So zeigt das Fresko auf der zur Stadt hin gerichteten Mauerseite die Beschießung der Stadt im Zuge des Spa-

Museen

Stadtmuseum Schärding
Das kleine Museum informiert über die Innschifffahrt sowie Handwerk und Handel in der Geschichte der Stadt. Die Bürgerstube zeigt, wie die wohlhabenden Einwohner Schärdings gelebt haben.
Schlossgasse | Tel. (+43 77 12) 3 15 47 00 | Mai–Okt. Mi/Do/Sa/So 10–12 und 14–17 Uhr

Granitmuseum
Hier wird an verschiedenen Schaustücken die alte Handwerkskunst der Steinbrecher und Steinmetze präsentiert. Daneben werden auch Skulpturen aus Schärdinger Granit und ein naturalistisches Modell der Schlossburg ausgestellt.
Am Wassertor | Tel. (+43 77 12) 3 15 47 00 | Apr.–Okt. tgl. 8–18 Uhr

nischen Erbfolgekrieges. Daneben zeugt eine große Anzahl an Hochwassermarken von den Hochwasserkatastrophen. Der Söller oberhalb des Bogens fungierte als Pranger.

Von hier aus lohnt es sich, die **Innpromenade** noch ein Stück weiter entlangzuschlendern und den tollen Ausblick auf die Flusslandschaft zu genießen. Auf Höhe der Anlegestelle für die Innschifffahrt bietet sich ein ausgezeichneter Blick auf das **Schloss Neuhaus.** Das ehemalige gotische Wasserschloss wurde nach einem Brand im Jahr 1724 knapp 30 Jahre später im Stil des Barock wiedererrichtet. Das prächtige Gebäude, das in zartem Rosa und Weiß erstrahlt, ist heute Kloster und Realschule der Englischen Fräulein.

Hinkommen

Mit der Bahn

RE- und REX-Züge stündlich im Wechsel aus Richtung Linz und Passau.

Mit dem Auto

Von Passau über die A3 sowie die B512 und B137 nach Schärding.

Gut zu wissen

Tourist-Information

Rad- und Gästeservicecenter mit Information zu Sehenswürdigkeiten, Zimmervermittlung und Souvenirverkauf. Speziell für Radler gibt es Serviceeinrichtungen wie Schließfächer, eine Lufttankstelle und eine Waschgelegenheit.

Innbruckstraße 29 | 4780 Schärding | Tel. (+43 77 12) 4 30 00 | www.schaerding.info | Apr./Mai Mo–Fr 9–18, Sa 9–12, Juni–Sep. Mo–Fr 9–18, Sa/So/Fei 11–15, Okt.–März Mo–Fr 9–12 und 13–17 Uhr

Innschifffahrten

Kapitän Schaurecker schippert mehrmals täglich durch das *Naturschutzgebiet Unterer Inn* zwischen Schärding und Passau.

Leonhard-Kaiser-Weg 1 | Tel. (+43 77 12) 73 50 | www.innschifffahrt.at

Gut gebettet

Gesundheitshotel Gugerbauer

Elegantes, modern eingerichtetes Hotel direkt am Inn mit umfassendem Wellnessangebot wie Massagen, Sauna und Hallenbad mit direktem Blick auf den Inn. Die hell und freundlich gestalteten Zimmer sind mit Naturholzböden und -möbeln ausgestattet. Freundliches Personal und eine ausgezeichnete Küche runden den Aufenthalt ab.

Kurhausstraße 4 | Tel. (+43 77 12) 31 91 | www.hotel-gugerbauer.at | €€€

Kurhaus der Barmherzigen Brüder

Das ehemalige Kloster auf einem Granitfelsen oberhalb des Inns ist heute ein 4-Sterne-Hotel. Es bietet seinen Gästen nicht nur viel Ruhe und Entspannung, sondern auch zahlreiche Gesundheitsangebote wie Ayurvedabehandlungen oder Heilfasten. In der Küche wird besonderer Wert auf saisonale Produkte biologischer Herkunft gelegt. Das Haus verfügt über schöne, komfortabel ausgestattete Zimmer in unterschiedlichen Kategorien.

Kurhausstraße 6 | Tel. (+43 77 12) 32 21 | www.barmherzige-brueder.at | €€€

Vom Schärdinger Innufer hat man einen fantastischen Blick auf Schloss Neuhaus

Stadthotel Schärding

Große, moderne Zimmer in historischem Gebäude. Abwechslungsreiches Frühstücksbuffet mit leckeren regionalen Produkten. Tolle Lage im Zentrum der Stadt. Sehr gutes Preis-Leistungs-Verhältnis und nettes, unkompliziertes Personal.

Kirchengasse 19 | Tel. (+43 77 12) 3 61 30 | www.stadthotel-schaerding.at | €€

Haus Maria Wagner

Das Haus im Altstadtbereich verfügt über drei freundlich eingerichtete Ferienwohnungen, ein Doppel- und zwei Einzelzimmer in ruhiger Lage, mit Blick auf den Inn. Die Wohnungen verfügen jeweils über Küche, Badezimmer, einen Wohnraum mit Ausziehcouch und ein Schlafzimmer mit Doppelbett.

Innbruckstraße 25 | Tel. (+43 77 12) 60 34 | www.haus-maria-wagner.at | €

Von Suppe bis Torte

Barista

Moderne Café-Bistro-Bar mit mediterranem Touch. Neben Frühstück, Eisspezialitäten und Cocktails sind die frisch zubereiteten Bowls zum selber zusammenstellen ein Highlight. Nachmittags Kaffee und Kuchen. Tolle Sonnenterrasse.

Silberzeile 13 | Tel (+43 77 12) 22 68 | www.barista-bar.at | Di–So 9–22 Uhr

Wirtshaus zur Bums'n

Uriges Traditionsgasthaus mit guter, deftiger Hausmannskost wie Schweinebraten mit Semmelknödel oder hausgemachtes Gulasch. Braugasthof der in Schärding ansässigen *Brauerei Jos. Baumgartner,* die bereits 1609 gegründet wurde.

Denisgasse 8 | (+43 77 12) 30 61 | www.bumsn.at | Mo–Sa 8–24 Uhr, So/Fei Ruhetag

Linzer Bäckerei

Topfentascherl, Mohnkrone, Barockrollen und feine hausgemachte Torten: Im Café der Linzer Bäckerei kann man leckere, traditionell gebacke Backwaren probieren. Auch Frühstück und Snacks gibt es. Terrasse mit Blick auf den Oberen Stadtplatz.

Silberzeile 3 | Tel. (+43 77 12) 77 33 | www.linzerbaecker.at | Freitag Ruhetag

Kaufen & stöbern

Bauernmarkt

Hier werden frische bäuerliche Produkte aus dem Innviertel angeboten.

Oberer Stadtplatz |
Jeden 1. und 3. Sa im Monat 7.30–12 Uhr

Wochenmarkt

Landwirte aus der Umgebung verkaufen jeden Donnerstag ihre selbst erzeugten Produkte.

Oberer Stadtplatz | Do 7–12 Uhr

Aktiv & sportlich

Relaxweg

Auf dem ausgeschilderten Rundweg, der am Oberen Stadtplatz beginnt und endet, erwarten den Besucher immer wieder Orte zur Entspannung: zum Beispiel eine fünf Meter hohe Hollywoodschaukel an der Innpromenade und Hängematten auf den Schlossparkterrassen.

Via Scardinga

Auf diesem Themenweg durch Schärding wird die Geschichte der Stadt lebendig und vor allem für Kinder interessant aufbereitet. Der zweieinhalb Kilometer lange Rundgang startet am Oberen Stadtplatz am „Guckkastenfass Pranger" und hält an den einzelnen Stationen viel Spannendes bereit, etwa gruselige Schandmasken oder eine alte Ritterrüstung.

Auf dem Flohmarkt vor der Schärdinger Silberzeile lässt es sich ausgiebig stöbern

Tour 6: Mit dem Rad nach Obernberg am Inn

Die Radtour führt von der Barockstadt Schärding nach Obernberg am Inn mit seinem schönen Marktplatz. Unterwegs kann man das Stift Reichersberg besichtigen – und die idyllische Natur entlang des Inns genießen.

Karte: ▶ Seite 153

Charakteristik: Befestigter und gut ausgeschilderter Radweg, zum Teil asphaltiert. Hinweg mit leichten Steigungen, zurück eben am Damm entlang.

Start & Ziel: Schärding (Zugverbindung nach Passau alle 1–2 Stunden)

Strecke: Schärding – Suben – Reichersberg – Obernberg am Inn – Weihmörting – Schärding

Entfernung: ca. 50 km

Dauer: ca. 4 Stunden

Einkehrtipp: *Alte Schmiede* in Obernberg am Inn

Beginn der Radtour ist am Bahnhof in **Schärding.** Von dort leitet uns ein grünes Schild mit der Aufschrift „Zentrum" in die Ortsmitte, direkt bis zur farbenfrohen **Silberzeile,** einem barocken Häuserensemble am zentralen Stadtplatz. Der Straße weiter geradeaus folgend, gelangt man durch einen flachen Torbogen auf die Innpromenade. Hier wenden wir uns nach links und fahren direkt am Flussufer innaufwärts bis zur Staustufe.

Nun führt der Weg bergauf. Stets dem Wegweiser R3 folgend, umfährt man die Staustufe und radelt in unmittelbarer Nähe des Inns bis in den kleinen Ort **Suben.** Besonders auffällig ist das ehemalige Stift Suben, das direkt am Inn liegt und heute die Justizvollzugsanstalt beherbergt. Außerdem kommen wir unmittelbar am kleinen Hafen des örtlichen Segelclubs vorbei.

Anschließend leitet der Weg den Radfahrer weiter am Inn entlang: Es geht recht abwechslungsreich durch kurze Waldstücke, gewundene Pfade, über Holzstege, etwas bergauf und wieder bergab. Nach circa neun Kilometern erreichen wir die *Jausenstation Bründl* in der Nähe von Viehausen, die samstags und sonntags bei gutem Wetter für einen Imbiss geöffnet hat. Dort weist ein Schild auf die **Bründlkapelle** hin, die Neugierige erreichen können, indem sie zahlreiche Stufen hinabsteigen.

Weiter geht es auf geschwungenen Pfaden, rechts unterhalb breitet sich der Inn aus, linker Hand weite grüne Wiesen. Ab und an ergibt sich durch die Bäume ein toller Blick auf die sagenhafte Flusslandschaft. Über den Weiler Minaberg gelangt man nach **Reichersberg** (▶ Seite 143) mit dem eindrucksvollen **Augustiner-Chorherrenstift** im Zentrum des kleinen Ortes hoch über dem Inn. Die Route R3 leitet durch den Ort und führt direkt vor die Tore des Klosters. Hier kann man schön auf der Terrasse des *Stiftsbräustüberls* (▶ Seite 143) sitzen und ein erfrischendes Getränk genießen.

Um die Tour fortzusetzen, folgen wir dem schmalen Weg entlang der Terrasse des *Stiftsbräustüberls* steil bergab und gelangen wieder zurück ans Innufer. Zum Ortskern von **Obernberg am Inn** (▶ Seite 141) mit dem hübschen **Marktplatz** geht es abermals steil bergauf. Auch hier kann man gut einkehren, etwa im *Gasthof Zur Post* (▶ Seite 142) oder in der urigen *Alten Schmiede.*

Um den Rückweg anzutreten, folgen wir der Straße in Richtung Kirche, fahren auf der Therese-Riggle-Straße und der Zollamtstraße bergab, wenden uns nach rechts und radeln der Weilbacher Straße folgend über die Brücke auf die andere Seite des Inns. Dort führt uns der Radweg am Damm entlang über **Neuhaus am Inn** (▶ Seite 119) wieder zurück nach **Schärding.**

Tipp

Alte Schmiede

Urig und gemütlich: Das alte Gewölbe des Gasthauses mit dem offenen Grill verleiht dem Raum eine unverwechselbare Atmosphäre. Neben österreichischen Spezialitäten wie Innviertler Knödelteller und Kasnocken gibt es als besonderes Schmankerl knusprige Ripperl. Im Sommer lockt der windgeschützte Gastgarten.

Vormarkt Gurten 21 |
4982 Obernberg am Inn |
Tel. +43 (77 58) 36 88 |
www.alteschmiede-obernberg.info |
Di–Sa 17–1, Küche 17–22 Uhr

An diesem kleinen Hafen unweit von Reichersberg kommt man auf der Tour vorbei

Tour 6 Start
Neuhaus am Inn
Silberzeile
Schärding
Ruhstorf an der Rott
Mittich
Badhöring
Rottau
Rott
Suben
Hartkirchen
Pocking
Etzelshofen
Inn
Bründlkapelle
Viehausen
Bad Füssing
Stift Reichersberg
Reichersberg
N
Marktplatz
Obernberg am Inn
Ort im Innkreis
2000 m

Reisepraktisches

▾ *Satte Felder in leuchtenden Farben erwarten Radfahrer im Rottal*

Klima & Reisezeit

Das Passauer Land befindet sich in der gemäßigten Klimazone und wird hauptsächlich von Winden aus westlicher Richtung beeinflusst. Das kontinentale Klima bringt kalte Winter und warme Sommer mit sich. Im Frühjahr und Herbst kommt es in den Flussniederungen häufig zu Nebel – dafür sorgt die Donau mit ihren warmen Wassermassen. In den Sommermonaten ist die Niederschlagsmenge am höchsten – häufig sind Wärmegewitter hierfür verantwortlich. Im Juli, dem wärmsten Monat des Sommers, klettert das Thermometer tagsüber auf durchschnittlich 24 Grad Celsius. Die Temperaturen können jedoch auch schnell mehr als 30 Grad Celsius erreichen und Touristen und Einheimische mit einer mehrwöchigen Hochsommerphase beglücken. Im Spätjahr beschert der Altweibersommer dem Passauer Land milde Temperaturen, bevor die kalte Jahreszeit Einzug hält. Am kühlsten wird es im Januar mit durchschnittlich nur einem Grad Celsius.

Wer nach Passau und ins Passauer Land reisen möchte, wählt am besten einen Zeitraum zwischen April und Oktober, wenn die Sonne viel scheint, die Luft angenehm warm ist und die Städte und Ortschaften mit viel Leben gefüllt sind. Natürlich hat es aber auch seinen Reiz, die Region in den ruhigen Wintermonaten zu besuchen – vor allem, wenn man ein paar klare Wintertage erwischt und die Welt im Passauer Land angenehm still ist.

Ankommen

Mit Bahn & Bus

Passau ist über ICE- und IC-Verbindungen teils mehrmals täglich mit Hamburg, Düsseldorf, Berlin und Stuttgart verbunden – weitere Halte entlang der Strecken sind unter anderem Frankfurt, Köln, Leipzig, Erfurt oder Hannover. Teilweise sind Umstiege in Nürnberg, München oder Würzburg erforderlich. Auf der Strecke zwischen München und Passau gibt es keine IC- oder ICE-Verbin-

Klimatabelle Passau

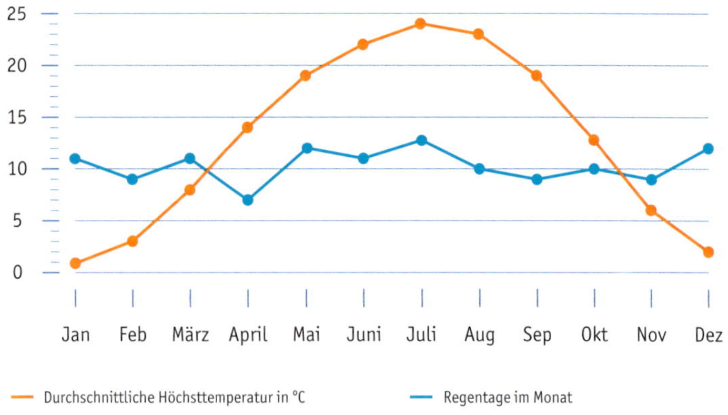

dungen. Hier fährt nur der Regionalexpress über Landshut und Plattling – dafür aber jede Stunde. Von April bis Oktober verkehrt jeden Samstag- und Sonntagmorgen ein Sonder-Regionalexpress in knapp 2,5 Stunden direkt von Nürnberg.

Aus Wien fährt im Zweistundentakt ein ICE über St. Pölten und Linz nach Passau. Von Linz nach Passau verkehrt außerdem im Stundentakt ein Regionalexpress über Wels und Schärding in die Dreiflüssestadt.

Auch die Fernbusse des Unternehmens *FlixBus* fahren Passau an, der Haltepunkt befindet sich direkt am Passauer Hauptbahnhof.

Mit dem Auto

Passau ist über die A3 ans Autobahnnetz angebunden. Frankfurt liegt circa 450 km entfernt, Nürnberg etwa 220 km. Die Strecke Hamburg–Passau beträgt rund 830 km, die Distanz Berlin–Passau 580 km. Aus Richtung des etwa 200 km entfernten München gelangt man am schnellsten über die A92 und A3 nach Passau.

Vom österreichischen Linz nimmt man nach Passau die B130. Auf der 100 km langen Strecke fallen keine Mautgebühren an. Von Salzburg gelangt man über die A8 oder die B158 nach Passau. Hier sind jeweils Mautgebühren zu entrichten.

Mit dem Flugzeug

Die nächstgelegenen Flughäfen befinden sich in München, Nürnberg, Linz und Salzburg und sind über Direktflüge mit verschiedenen deutschen Städten verbunden. Da anschließend immer noch eine recht weite Strecke mit den öffentlichen Verkehrsmitteln zurückgelegt werden muss, ist zu prüfen, ob sich diese Art des Reisens ökologisch, preislich und zeitlich lohnt. Ins Rottaler Bäderdreieck gibt es täglich einen Flughafentransfer ab Salzburg, Linz und München.

www.fahrdienste-kufner.de

Bahntickets

Wer im Voraus bucht, hat gute Chancen, ein günstiges Angebot zu ergattern. Bei den sogenannten **Sparpreisen** und **Supersparpreisen** der Deutschen Bahn sind die Rabatte auf den Normalpreis teils erheblich, allerdings besteht Zugbindung. Beim Sparpreis kosten Rückgabe oder Umtausch des Tickets eine Gebühr, beim Supersparpreis ist dies gänzlich ausgeschlossen.

Innerhalb Bayerns und vor allem für Tagesausflüge lohnt sich das **Bayernticket.** Bis zu fünf Personen können das Ticket in Regionalzügen am Geltungstag beliebig oft nutzen, auch in den Verkehrsmitteln der *Verkehrsgemeinschaft Landkreis Passau*. Allerdings sind Reisende hier meist erheblich länger unterwegs als mit den Fernverkehrszügen. Von München aus ist das **Regio-Ticket Donau-Isar,** gültig ebenfalls für bis zu fünf Personen, sogar noch etwas günstiger als das Bayernticket.

Wer ein Hotel aus dem Veranstaltungsprogramm von ITS bucht, kann mit dem **Rail-Inclusive-Tours-Ticket** (RIT-Ticket) bis zu 50 Prozent sparen.

Nähere Informationen und Buchung: www.its.de/service/rit-bahntickets.html

Unterwegs im Passauer Land

Mit dem Auto

Die Städte und Dörfer sind durch ein gutes Straßennetz verbunden. Die A3 verläuft mitten durch das Passauer Land. Daneben gibt es einige Bundesstraßen und ein dichtes Netz an Landstraßen. Die B8 und die B388 führen direkt an der Donau entlang.

Mit Bus & Bahn

Die Region lässt sich auch mit den öffentlichen Verkehrsmitteln erkunden, wenn man etwas Geduld mitbringt. Mit dem Regionalexpress Richtung München erreicht man stündlich Vilshofen an der Donau. Ins südwestlich von Passau liegende Rottal gelangt man jede Stunde mit der Regionalbahn in Richtung Mühldorf (Oberbayern). Auf ihrem Weg passiert sie unter anderem Fürstenzell, Sulzbach (Inn), Pocking, Karpfham bei Bad Griesbach und Bad Birnbach. Nach Linz in Österreich, südöstlich von Passau, kommt man sowohl mit dem ICE als auch mit dem Regionalzug. Letzterer hält auch in Schärding am Inn – diese österreichische Kleinstadt ist von Passau aus stündlich zu erreichen.

In den Sommermonaten ist die **Ilztalbahn** an Wochenenden und Feiertagen zwischen Passau und Freyung im Bayerischen Wald unterwegs (▶ Seite 125). Wer weiter nach Tschechien reisen möchte, nimmt die Buslinie 606. Sie verkehrt zwischen Waldkirchen und Nové Údolí und verbindet damit die Ilztalbahn mit dem tschechischen Bahnnetz. Ab Freyung fährt der Anschlussbus Linie 605 zum Nationalparkzentrum Lusen bei Neuschönau (▶ Seite 83).

Ansonsten sind Gäste auf die Busse der **Verkehrsgemeinschaft Passauer Land** angewiesen. Diese fahren zwar regelmäßig, aber eher selten. Im Vergleich zum Auto ist man oft recht lange unterwegs. Es empfiehlt sich, die Abfahrtszeiten vorab genau zu überprüfen und auf die Verkehrstage zu achten. Denn manche Busverbindungen entfallen beispielsweise an Wochenenden oder Feiertagen.

Mit dem Schiff

Vor allem in den Sommermonaten gibt es zahlreiche Ausflugsfahrten ab Passau. Die Dreiflüsse-Stadtrundfahrt findet alle 30 Minuten statt und dauert circa 45 Minuten. Jeweils zur halben Stunde wird das Cabrio-

Fahrpläne & Infos

Verkehrsgemeinschaft Landkreis Passau
Fahrplanauskunft für die Stadt Passau und das Passauer Land, Onlinebuchung von Rufbussen.
Tel. (08 51) 75 63 70 | www.vlp-passau.de

Stadtwerke Passau
Fahrpläne der Stadtbusse in Passau.
Tel. (08 51) 56 04 12 | www.stadtwerke-passau.de

Bayern-Fahrplan
Fahrtauskunft mit praktischer interaktiver Karte.
www.bayern-fahrplan.de

Ilztalbahn
Fahrpläne und Informationen.
www.ilztalbahn.eu

schiff mit Rundumsicht eingesetzt. Das Kristallschiff nimmt Gäste in der Hauptsaison dreimal täglich mit auf eine zweistündige Rundfahrt auf der Donau über Kasten nach Obernzell und wieder zurück nach Passau. Einmal täglich gibt es eine Schifffahrt mit der Route Passau–Obernzell–Haus am Strom–Engelhartszell–Schlögen und zurück. An manchen Tagen gibt es dieselbe Tour mit Zielort Linz. Daneben gibt es auch Fahrten nach Vilshofen sowie spezielle Tages- und Abendfahrten mit Dinner, Musik oder Feuerwerk.

Auch ab Schärding werden Schiffsrundfahrten angeboten (▶ Seite 148).

Aktiv im Urlaub

Zu Fuß & mit dem Rad

Für **Wanderer** gibt es in der Region rund um Passau zahlreiche ausgeschilderte Rundwanderwege in unterschiedlichen Schwierigkeitsgraden. Auch einige der großen Fernwanderwege führen durch das Passauer Land, etwa der Europäische *Fernwanderweg E8,* der entlang des südlichen Bayerischen Waldes verläuft sowie der insgesamt 660 Kilometer umfassende *Goldsteig,* der auf zwei Routen durchs Passauer Land führt. Der *Donau-Panoramaweg* beginnt in Neustadt an der Donau und führt entlang des Flusses über Vilshofen an der Donau bis nach Passau. Der *Donausteig* wiederum fängt in der Dreiflüssestadt an und führt auf den Höhenrücken meist beider Uferseiten über Linz bis nach Grein in Österreich. Die letzten Etappen des *Pandurensteigs* verlaufen, aus dem nördlichen Bayerischen Wald kommend, durch das wildromantische Ilztal bis nach Passau.

Für den Notfall

Polizei: 110
Feuerwehr/Rettungsdienst: 112
Pannennotruf des ADAC:
Tel. (0 18 02) 22 22 22
Giftnotrufzentrale:
Tel. (03 61) 73 07 30
Verlust von EC-Karten:
Tel. 11 61 16

Auch zum **Radfahren** ist die Region ein Paradies: Der *Donauradweg* führt ab Donaueschingen entlang einer beeindruckenden Flusslandschaft bis nach Passau – und schließlich weiter über Wien und Bratislava bis ans Schwarze Meer. Die Radwege entlang des großen Stroms sind meist flach und asphaltiert. In Richtung Südwesten gelangen Radler auf dem malerischen *Innradweg* von Passau aus nach Altötting, Rosenheim und Innsbruck. Sehr zu empfehlen ist eine Tour entlang des Innradwegs gen Schärding und weiter nach Obernberg am Inn (▶ Seite 141). Auch der *Rottalradweg,* der *Vilstalradweg* und der *Adalbert-Stifter-Radweg* bringen Radfahrer gut durch das Passauer Land. Kartenmaterial und Tipps halten auch die Tourist-Informationen der Region bereit.

Weitere Sportmöglichkeiten

Die Seen (▶ Seite 162) und Flüsse der Region bieten viele Möglichkeiten für den **Wassersport.** Egal ob Schwimmen, Kajak- und Kanufahren oder Stand-up-Paddeln – hier kommen Wasserratten auf ihre Kosten. Eine gute Anlaufstelle für **Kanutouren** und Schlauchbootfahrten ist das *Dschungelcamp Neuhaus am Inn* (▶ Seite 82). Dieser Veranstalter bietet neben Bootsfahrten auf Donau, Inn, Ilz und Rott auch **Bogenschießen, Klettern,** Wandern und **Mountainbiken** an. **Stand-up-Paddeln** kann man auch beim *Kanu-Club Passau* ausprobieren.

Der **Reitsport** ist vor allem im Rottal eine beliebte Freizeitbeschäftigung. Auch **Golfer** fühlen sich im Rottaler Bäderdreieck pudelwohl. Denn in Bad Griesbach lädt ein riesiges Golfresort zum Spielen ein. Weitere Golfplätze gibt es in Bad Füssing, Passau-Raßbach, Fürstenzell und Schärding.

Im **Winter** stehen Sportarten wie Langlaufen, Ski- und Snowboardfahren hoch im Kurs. Hierfür eignen sich besonders das Wegscheider Land (▶ Seite 132) sowie Ausflüge in den nahegelegenen Bayerischen Wald und ins österreichische Skigebiet Hochficht.

Wellness

Bad Füssing, Bad Griesbach, Bad Birnbach und Eging am See locken mit ihren **Thermen,** die neben heißem Heilwasser auch mit wohltuenden Massagen, reinigenden Peelings und Sauna-Angeboten aufwarten.

Das größte Angebot erwartet den Besucher in **Bad Füssing.** Dort gibt es drei unterschiedliche Thermen: die *Johannesbad Therme*, die *Therme Eins* und die *Europa Therme* (▶ Seite 112). Die Kuraufenthalte sollen vor allem bei Arthritis, Osteoporose, Gicht und Stoffwechselerkrankungen helfen.

Das Thermalwasser von **Bad Griesbach** tut gut bei Rheuma, Verdauungs- und Stoffwechselproblemen sowie Erkrankungen des Bewegungsapparates. In der *Wohlfühl-Therme* ist als zusätzliches Highlight ein türkischer Hamam untergebracht, wo Besucher in eine exotische Welt der Entspannung eintauchen können (▶ Seite 115).

In der *Rottal Terme* in **Bad Birnbach** gibt es neben den Thermalbecken eine Salzwasser-Lagune, eine Salzsteingrotte, Infrarot-Wärmekabinen und eine Saunawelt mit neun unterschiedlichen Saunen (▶ Seite 117).

Die *Sonnentherme* in **Eging am See** ist im Vergleich zu den Thermen im Bäderdreieck eher klein. Neben einem Innen- und Außenbecken gibt es hier eine sogenannte Granitsaunalandschaft (▶ Seite 127).

Mit Kindern

Im Zentrum Passaus können sich Kinder auf einem der zahlreichen **Spielplätze** austoben. Zwischen Ilz und Halser Straße lockt zum Beispiel der Bschüttpark mit einem großen Kletternetz, Rutschen und Balancier-Parcours für die älteren und Pendelschaukel, Trampolin und Wasserstelle als Matschplatz für die jüngeren Kinder. Auch an der Ortsspitze gibt es Schaukeln, Rutschen und eine Seilbahn. Immer gut besucht ist der Spielplatz an der Innpromenade auf Höhe des Stadttheaters. Dank großer Bäume liegen Spielschiff, Kletterwald und Baumhaus im Schatten – daher lohnt sich ein Besuch der schönen Anlage selbst an heißen Sommertagen.

Auch eine **Schiffsrundfahrt** begeistert die Kleinen. Empfehlenswert ist hier die kurzweilige Dreiflüsse-Stadtrundfahrt, die nur eine Dreiviertelstunde dauert (▶ Seite 81).

Die mittelalterliche Burganlage **Veste Oberhaus** zu entdecken (▶ Seite 53), verspricht den Jüngsten einen Hauch von Abenteuer. Auch das dazugehörige Museum ist für Kinder

Der Spielplatz am Bschüttpark in Passau bietet auch für ältere Kinder viel Spaß

geeignet. Auf dem Gelände der Veste befindet sich zudem die **Volkssternwarte.** Bei klarem Himmel gibt es jeden Mittwochabend eine öffentliche Führung.

Das **Römermuseum Kastell Boiotro** bietet einen speziell für Kinder konzipierten Audioguide, der durch die Ausstellung führt (▶ Seite 65).

Sowohl bei gutem als auch bei schlechtem Wetter lohnt sich ein Besuch des **Frei- und Hallenbades peb** mit Rutschen und Wellenbecken (▶ Seite 82, weitere Bademöglichkeiten ▶ Seite 162).

Ebenfalls ein Tipp für Regentage ist der **Babalu Funpark,** eine Indoor-Erlebniswelt mit Attraktionen wie Trampolinen, Kletterturm und Elektrokart-Bahn (▶ Seite 82). Das **Königliche Hoftheater Lumumba** nimmt mit Puppentheatervorführungen im *Café Museum* (▶ Seite 76) Kinder mit in die unterhaltsame Kasperlwelt.

In der Umgebung locken die **Westernstadt Pullman City** in Eging am See (▶ Seite 126) sowie das **Museumsdorf Bayerischer Wald** in Tittling (▶ Seite 126). Weitere Ausflugsfavoriten sind der **Wildpark Schloss Ortenburg** (▶ Seite 95) und der **Tier- und Vogelpark Irgenöd** (▶ Seite 96). Bei gutem Wetter ist auch eine **Schifffahrt auf dem Inn** bei Schärding ein tolles Erlebnis (▶ Seite 148).

Ein Highlight ist außerdem der Besuch des **Graphit Besucherbergwerks Kropfmühl** und insbesondere die Untertageführung (▶ Seite 130). Sehr interessant und interaktiv aufbereitet ist die Ausstellung im **Naturerlebniszentrum Haus am Strom** beim Donaukraftwerk Jochenstein (▶ Seite 109). Spannend ist auch das **Granitzentrum** in Hauzenberg, wo Kinder in die Welt der Steine eintauchen und Wissenswertes über die Granitgewinnung erfahren können (▶ Seite 130).

Die schönsten Badeseen im Passauer Land

Im Sommer kann es im Passauer Land richtig heiß werden. Wer dann eine Abkühlung dringend nötig hat, kann sich in einem der zahlreichen Badeseen rund um Passau erfrischen und auf einer der Liegewiesen die Seele baumeln lassen.

Stausee Oberilzmühle (Passau)

Von Passau aus am schnellsten zu erreichen ist der idyllische Stausee Oberilzmühle in der Gemeinde Salzweg, welcher direkt am Wasserkraftwerk liegt. Er ist allerdings nur für Schwimmer geeignet. Eine Leiter am Steg erleichtert den Einstieg ins kühlende Nass. Wer den Stausee ohne Auto erreichen möchte, muss sich auf seine eigenen Beine verlassen (Tour 1 ▶ Seite 84).

Rannasee (Wegscheid)

Ein beliebtes Ausflugsziel ist auch der Rannasee bei Wegscheid (▶ Seite 132), der größte Badesee des Bayerischen Waldes. Er bietet einen Sandstrand und schöne Liegewie-

Der Rannasee bietet sowohl Sandstrand als auch Liegewiese – und viel Ruhe

sen, eine 120 Meter lange Wasserrutsche, einen Tretbootverleih, einen Abenteuerspielplatz und Kneippbecken. Duschen, Toiletten und eine Gaststätte sind vorhanden. Die Buslinie 6101 ab Passau fährt bis zur Haltestelle Maierhoferbrücke, Rannasee, allerdings nur sehr selten.

Dreiburgensee (Tittling)

Auch der Dreiburgensee in Tittling liegt sehr idyllisch (▶ Seite 126). Der See bietet ruhige Liegewiesen mit Schatten spendenden Bäumen, einen Sandstrand, Tretbootverleih und Spielplätze. Daneben sind Umkleidemöglichkeiten, ein Kiosk sowie ausreichend Parkplätze vorhanden. Die Anfahrt ist nur mit dem Auto möglich.

Eginger See (Eging am See)

Spielplätze, Bootsverleih, ausreichend Liegewiesen sowie einen ausgedehnten Sandstrand gibt es auch am Eginger See (Rohrbachsee) unweit des gleichnamigen Ortes Eging am See (▶ Seite 126). Eine Kinderwasserlandschaft neben dem See sorgt dafür, dass auch die Jüngsten im flachen Pool sicher planschen können. Außerdem am See: das Wirthaus Seeufer. Die Anfahrt mit dem öffentlichen Nahverkehr gestaltet sich leider sehr schwierig und ist teils nur mit Rufbus möglich.

Freudensee (Hauzenberg)

Etwas ruhiger und idyllischer geht es am Freudensee in Hauzenberg zu (▶ Seite 129). Die weitläufige Liegewiese bietet viele Schattenplätze, ein Kinderspielplatz und Beachvolleyballfeld sorgen für Abwechslung. Kiosk und sanitäre Anlagen stehen zur Verfügung. Von der Haltestelle Passau Römerplatz aus fährt die Buslinie 7599 Richtung Breitenberg bis Freudensee, Hauzenberg, allerdings selten und unregelmäßig.

Badeweiher Breitenberg

An der Gegenbachstraße unweit von Breitenberg, in unmittelbarer Nähe zum Webereimuseum (▶ Seite 133), befindet sich ein kleiner Badeweiher mit Steg und Sandstrand, der sich vor allem für kleine Kinder gut eignet. Die umgebende Liegewiese bietet ausreichend Platz zum Entspannen und Spielen. Auch hierhin gelangt man von Passau aus mit der in nur losem Takt verkehrenden Buslinie 7599.

Badesee Pocking

Etwas leichter zu erreichen ist der Pockinger Badesee am südwestlichen Rand der Stadt. Von Passau aus gelangt man mit dem Regionalzug oder der Buslinie 6106 nach Pocking. Von dort braucht man 25 Minuten zu Fuß oder acht Minuten mit dem Rad. Das Naturfreibad, welches vom restlichen Teil des Badesees abgegrenzt ist, verfügt über eine große Liegewiese, auf der vereinzelte Bäume Schatten spenden. Das Gewässer fällt flach ab und ist für Schwimmer und Nichtschwimmer geeignet. Vor Ort gibt es Beachvolleyballplätze, einen Spielplatz, einen Kiosk sowie Sanitäranlagen.

Badesee Weihmörting

Auch der Badesee Weihmörting, circa zwei Kilometer von Neuhaus am Inn entfernt, lässt sich ohne Auto einigermaßen gut erreichen. Der See liegt ruhig und idyllisch und verfügt über ausreichend Liegeflächen auf der grünen Wiese. Vom Schärdinger Zentrum aus (Anfahrt ab Passau mit dem Zug) braucht man 20 Minuten zu Fuß. Auch die Radtour von Passau nach Obernberg am Inn führt direkt daran vorbei (Tour 6 ▶ Seite 151).

Kartenregister

Übersichtskarten

Tourenkarten

Kartensymbole

- (1) Sehenswürdigkeit auf dem Ortsspaziergang
- Übernachten
- Essen & Trinken
- Route
- Sehenswürdigkeit
- Tourist-Information
- Kirche
- Bahnlinie mit Bahnhof

Liebe Leserinnen und Leser,

alle Angaben in diesem Reiseführer sind gewissenhaft geprüft. Trotz gründlicher Recherche unserer Autorinnen und Autoren können sich manchmal Fehler einschleichen. Wir bitten um Verständnis, dass der Verlag dafür keine Haftung übernehmen kann. Über Hinweise, Berichtigungen und Ergänzungsvorschläge freuen wir uns jederzeit:

via reise verlag
Lehderstraße 16–19
13086 Berlin
E-mail: post@viareise.de
www.viareise.de

2. komplett überarbeitete und aktualisierte Neuauflage 2022

ISBN 978-3-949138-22-5

Text & Recherche
Julia Wolf

Recherche, Neubearbeitung und Aktualisierung 2022
Klaus Scheddel

Redaktion
Kristina Becker, Janna Menke

Herstellung
Jeanette Frieberg,
Buchgestaltung | Mediendesign, Leipzig

Layout & Gestaltung
Annelie Krupicka

Umschlagreihengestaltung
Nino Arndt, Berlin

Kartografie
Annelie Krupicka (via reise verlag),
Stephan Moskophidis

Druck
Druckhaus Sportflieger, Berlin

FSC www.fsc.org MIX Papier aus verantwortungsvollen Quellen FSC® C104586

Fotos
Julia Wolf, außer:
aldorado/Shutterstock.com 39; Alois972/Shutterstock.com 60; Amicabel/Shutterstock.com 45, 78, 79; Animaflora Picsstock/stock.adobe.com 90, 106/107, 112, 119, 136, 137, 144, 149; bbsferrari/stock.adobe.com 5; Bob Pool/Shutterstock.com 50; Brauerei Aldersbach 168; Brennerei Penninger 168; Confiserie Simon/Robert Maybach 168; czamfir/stock.adobe.com 6/7; CC-BY High-Contrast 13; CC-BY Konrad Lackerbeck 109; daniel/stock.adobe.com 131; Dieter Vogl/pixelio.de 36; DoKuPix/stock.adobe.com 20/21; footageclips/Shutterstock 80; gemeinfrei 17, 18; Glavo/Pixabay 127; Handweberei F. X. Moser 168; KarepaStock/Shutterstock.com 14; Karpfhamer Fest & Rottalschau 29; Klaus Scheddel 61, 62; majonit/AdobeStock 46; Markt Untergriesbach 108; Martin Erdniss/stock.adobe.com 28, 53; Martin Erdniss/Shutterstock.com 94; Merja Partanen/Pixabay 24; mmuenzl/stock.adobe.com 30/31; Rolandst/stock.adobe.com 57; Roberta Patat/Shutterstock.com 58/59; Stadt Passau 27, 32; steve estvannik/Shutterstock.com 37; Vista Photo/stock.adobe.com 146; wreindl/Pixabay 138

Umschlag vorn
Blick auf Passau (Animaflora PicsStock/stock.adobe.com)

Umschlagklappe vorn
Blick über Donau und Ilzmündung auf Veste Niederhaus und Veste Oberhaus (Comofoto/stock.adobe.com)

Umschlag hinten
Quirliges Stadtleben am Passauer Residenzplatz (Bob Pool/Shutterstock.com)

Umschlagklappe hinten
Innpromenade in Passau (oxie99/stock.adobe.com)

Passauer Land zum Mitnehmen

Passauer Goldhauben Pralinen

Die Passauer *Confiserie Simon* fertigt die historische Goldhaube aus feinster Schokolade – gefüllt mit Marillen- und Nusstrüffel, verziert mit einem Hauch von Blattgold.

Am Rindermarkt 10 | 94032 Passau |
Tel. (08 51) 3 83 88 50 | www.simon-passau.de |
Mo–Sa 8–18, So/Fei 9.30–18 Uhr

Aldersbacher Klosterbräu

Im Aldersbacher Kloster wird seit Jahrhunderten Bier gebraut. Sorten wie das süffige Urhell oder das vollmundige Festbier werden mit moderner Technik traditionell nach dem bayerischen Reinheitsgebot hergestellt. Im Klosterladen oder im Onlineshop erhältlich.

Klosterladen | Freiherr-von-Aretin-Platz 1 | 94501 Aldersbach |
Tel. (0 85 43) 96 04 33 | www.aldersbacher.de |
Fr/Sa 11.30–17 Uhr (1. Nov. bis Ostern Mo geschlossen)

Hochprozentiges von Penninger

Vom traditionellen bayerischen Blutwurz, dem Aushängeschild des Hauses, bis zum preisgekrönten „Granit-Gin" bietet die alteingesessene Brennerei verschiedenste hausgemachte Spirituosen für Feinschmecker an.

Saßbach 2 | 94065 Waldkirchen | Tel. (0 85 81) 9 84 26 18 |
www.penninger.de | Mo–Sa 10–18 Uhr (Fei geschlossen)

Handgewebtes

Die *Handweberei F.X. Moser* wahrt die jahrhundertealte Webereitradition im Wegscheider Land: Auf 16 Webstühlen entstehen zarte Tischdecken, hochwertige Vorhänge oder hübsche Bettwäsche aus feinem Naturstoff.

Säumerweg 2 | 94110 Wegscheid |
Tel. (0 85 92) 6 95 | www.handweberei-moser.de |
Mo–Fr 9–18, Sa 9–12 Uhr